対決！ 日本史2

幕末から維新篇

安部龍太郎 佐藤 優
Abe Ryutaro Sato Masaru

潮新書
038

潮出版社

まえがき

安部龍太郎

こんな歴史教育をしているようでは、いつまでたっても日本は良くならない。僭越《せんえつ》ながら、私は長い間そう思ってきた。

国際人を育てようと英語教育の低年齢化を進めながら、歴史は長年日本史と世界史を分けて教えてきた。郷土愛を育てようと地方に補助金をバラまきながら、小、中学校のカリキュラムに郷土史の授業は組み込まれていない。

そうした矛盾《むじゅん》は近、現代史においても顕著《けんちょ》である。私が中学校を卒業した半世紀前、歴史の授業で明治維新以後は教えなかった。

教科書には申し訳程度に記述があったが、先生は「時間がないから、この先は各自で勉強するように」と言ってお茶をにごした。それは試験には出ないということだから、大半の生徒はスルーしたはずである。

驚いたことに、そうした教育は近年まで続いていたという。最近は是正されつつあるのだろうが、こうした欺瞞《ぎまん》が国家の教育においてまかり通ってきたのはなぜなのか。考えられるのは、昭和20年の敗戦以後にGHQが教科書統制《とうせい》を行ったとき、明治維新以後の日本の方針が軍国主義を招いたと見なし、教えることを禁じたことである。

しかもそれは、日本の支配階層にとっても都合がいいことだった。なぜなら自分たちの過《あやま》ちや旧悪を、白日のもとにさらされるのを避けることができたからだ。

かくて日米双方の利害が一致し、近、現代の歴史は教えないという方針が取られたのだと推測している。しかしそれでは、日本人のアイデンティティは失われ、自分が何者かもわからずに根無し草のようにただようだけである。

そこで登場したのが明治維新礼賛《らいさん》論である。理屈もへったくれもない。ともかく維新をなしとげ、西欧列強の仲間入りをした日本はすごかったんだ。そうした論陣が各所で張られ、今でも国民の多くがそのように思い込まされている。

しかしそれは革命政権が崩壊した後も、革命の父を礼賛するようなものである。しかも歴史的、科学的に論証することもなく、国民のアイデンティティを確立することだけを目的にしているので、民族的ナルシシズムに直結しやすい弱点を抱えている。

こんな馬鹿なことがまかり通っていいものかと、私は学生のころから思っていた。そのきっかけとなったのは、夏目《なつめ》漱石《そうせき》の「現代日本の開化」という講演録を読んだことである。

１９１１（明治44）年８月に和歌山で行った講演で、漱石は日本の開化は内発的なものではなく外発的なものだと力説し、「現代日本が置かれたる特殊の状況に因《よ》って吾々の開化が機械的に変化を余儀なくされるためにただ上皮《うわかわ》を滑って行き、また滑るまいと思って踏張《ふんば》るために神経衰弱になるとすれば、どうも日本人は気の毒と言わんか憐《あわ》れと言わんか、誠に言語道断の窮状に陥ったものであります」と語っている。

１９０５（明治38）年に日本はロシアとの戦争に勝ち、国民はこぞって世界の一等国になったと喜んでいたころに、漱石は文学者の深遠な目で日本の破綻《はたん》を予見していたのである。また森《もり》鷗外《おうがい》も『かのように』という小説の中で、ドイツ実証主義歴史学を学んで帰国した主人公に、天皇神話を国家の基本とした日本においては、合理主義に基づいた歴史を構築することはできないと語らせている。

状況は今日においても、それほど変わっていない。しかもそうした問題を直視するどころか、明治維新礼賛論によって多くの国民は目も耳もふさがれ、近、現代史の本当の姿に向き合う機会を失っている。

こうした状況を何とかできないものかと、私は『維新の肖像』（潮出版社、のち角川文庫）など幕末、維新をテーマにした小説をいくつか書いてきたが、非力にして大局を変えることはできなかった。

そんな時、担当編集者から『対決！日本史』の続編で幕末、維新をやらないかという誘いをいただいた。

これは私にとって、前回の「戦国から鎖国」よりもっとハードルが高い仕事である。何しろ対談相手の佐藤優は近、現代史に精通している上に、外務省主任分析官として外交の最前線に立ち、国際政治を身をもって知っているのだから、私ごときでは釣《つ》り合いが取れるはずがない。

しばらく尻ごみしたのは、相手に対して失礼だと思ったからだが、前回同様、こんな稀有《けう》の機会を逃してはならないという気持ちのほうが日に日に強くなった。

幕末から維新、そして日清、日露戦争から第２次世界大戦の破局に至る日本の歴史を、佐藤と腹蔵なく語り合ったら、これまで自分でも曖昧《あいまい》なままにしてきた問題や、史実に即した近代日本の姿を、如実《にょじつ》に知見《ちけん》することができるのではないか。

そんな目論見《もくろみ》をもって対談にのぞんだが、成果は期待した以上に大きかった。

前回の経験が生きたのか、互いの話は次第に噛《か》み合うようになり、談論風発して、近代史という魔性の森に同志とともに踏み込んでいく充実感を覚えるようになった。

これはひとえに、私の門外漢的な発言を正面から受け止め、正統の立場から見ればどうなるかを懇切に示してくれた、佐藤の度量の大きさと人間性の豊かさのおかげである。

これから日本を再建していく上で、明治維新をどう評価するかは死活的に重要である。なぜなら維新においてどのような国家を作ろうとしていたかを知ることは、新しい日本のグランドデザインを考える上で大きなヒントになるからだ。

そのための手がかりのいくらかを、読者諸賢がこの対談から得ていただけるなら、これに過ぐる歓《よろこ》びはない。

対決！ 日本史２
幕末から維新篇

目次

第5章　中央集権体制の確立

第1章 ペリー来航とパラダイムチェンジ

明治維新は西洋のような革命ではなく、
天皇を中心に社会を組み替える「維新」だった。
なぜ、幕末に薩摩、長州をはじめ越前など、
西日本を中心に同盟ができたのか。
藩を越えて流通と商業を維持する
システムがあったことに注目すべきだ。

■天皇・幕府・大名・武士・庶民というヒエラルキー

安部―佐藤さんとの前著『対決！ 日本史』第1弾では、「戦国から鎖国篇」と銘打っておおいに語り合いました。今回の企画では、幕末から明治維新（1868年）にかけての動乱の近世日本史について語り合いたいと思います。

当初は、幕末から日清《にっしん》戦争（1894〜95年）までを一冊に収める予定でしたが、担当編集者から、語り合うべきテーマを鑑《かんが》みたときに第2弾は明治維新までとして、シリーズ第3弾で日清戦争を中心に語り合ってほしいとの提案がありました。

佐藤―賛成です。幕末から明治維新、そして日清戦争開戦までの30年間を今あらためて読み解くことには、重要な意味があります。日本と中国は、あのとき絶対に戦争をするべきではありませんでした。なぜ開国によって江戸時代にピリオドを打った日本が、あの悲惨な戦争に至ってしまったのか。そこをもう一度顧《かえり》みることが必要です。「日清・日露戦争で日本は勝った勝った」と万歳するような歴史観から、そろそろ私たちは抜け出さなければいけません。

安部―古い話ですが、大化の改新（645年）によって土地も人民も国家のものだという「公地公民制」[*1]が打ち出されました。

佐藤―「私地私民制」はまかりならぬということで、「土地も民衆も天皇のものだ」という律《りつ》令制《りょうせい》＊2が確立されます。

安部―公地公民制はどういうロジック（論理）によって成り立っていったのでしょう。歴史学の世界では「預治思想」という言葉があります。幕府は国を治める権利を天皇から委任される。その権利を大名に分け、さらに家臣の武士に分けているだけであって、あくまでも天皇から国家を治める権利を預かっているにすぎない。「統治権は私有ではない」という思想が、江戸幕府を通じてずっとありました。

　実を言うと明治維新とは「天皇・幕府・大名・武士・庶民」というヒエラルキーの中から幕府と大名を抜いたにすぎないのです。

佐藤―なるほど。「天皇・武士・庶民」というヒエラルキーに変わっただけであって、天皇を中心とする預治思想はまだ生きているわけですね。

安部―武士たちが直接天皇と結びつき、この国を預かっていくのだ。そういう思想に変わっていくのです。「無私の精神で国を治めることが、武士道そのものである。自分はそういう使命のもとで、今ここで高禄《こうろく》をもらいながら生活させてもらっているのだ」。こういった思想が、尊王思想の一つの大きな柱になりました。

明治の志士たちが簡単に藩《はん》を捨てられたのは、預治思想と武士道のおかげでしょう。そして、やがて武士そのものもなくしていく方向に向かいます。「天皇・幕府・大名・武士・庶民」というヒエラルキーから幕府と大名が抜け、武士も抜け、最後は天皇と庶民だけのつながりになるのです。

佐藤― 戦前の右翼思想家・権藤成卿《ごんどうせいけい》[*3]が言った「君民共治」（君主と人民の代表者とが、共同で国の政務に当たること）ですね。

安部― そう、最後はそこに向かうのです。日本の明治維新は西洋のような革命ではなく、天皇を中心に社会を組み替えていく「維新」でした。

■ ユルゲン・ハーバーマスの『未来としての過去』

佐藤― 時間が経《た》つと食品が腐敗していくのと一緒で、時間が経つと人々は歴史も初心も忘れて腐敗していきます。正しいことは昔にある。新しくアップデートするのも大事ですが、常に初心に立ち返らなければ人間も社会もおかしくなっていきます。だから後醍醐《ごだいご》天皇[*4]は鎌倉幕府を打ち倒し、天皇親政を復活させました（1333年の建武の中興）。明治維新の志士たちも「真理は過去にある」と考えて初心に返ったのです。

後醍醐天皇の建武の中興まで戻るのか。律令体制に戻るのか。古くなればなるほどいいということで神がかりみたいになっていって、天地開闢《てんちかいびゃく》まで戻るべきだと考える人まで現れました。

1990～91年の書面インタビューをもとに、ユルゲン・ハーバーマス（ドイツの社会哲学者）が『未来としての過去』（未来社）という本を書いています。今の同時代に理想的なモデルがないときは、過去に立ち返って未来のモデルを見つけてくればいいという内容です。ユーゴスラビアの民族紛争にしたって、難局をどう切り開いたらいいかというときに、現在から過去を解釈して判断するほかありません。

安部―「歴史は繰り返す」じゃないけど、この先の未来にも過去と同じことが起こりえますからね。

佐藤―そう思います。

安部―日本人が依《よ》って立つ場所の土台はどこにあるのか。乱世であればあるほど、歴史に立ち返って真摯《しんし》に過去から学ばなければなりません。

佐藤―トランプ旋風によって、アメリカは南北戦争[*5]当時の分断状態に返ってしまいました。「未来としての過去」を起点にもう一度考え直さなければ、現在のアメリカの分断に歯止めをかけることはできません。ひょっとすると国際社会は、ヴェルサイユ体制（第1次世界大戦後のヴェルサイユ条約によって生まれた国際秩序）くらいまで退行しているのかもしれませんよね。

■ 年間98万箱の紙が運び込まれていた江戸

安部―享保《きょうほう》の改革[*6]（1716〜45年）あたりから、江戸幕府は換金作物を作ることを農民にどんどん奨励していきます。具体的には綿や生糸、櫨《はぜ》です。櫨からは、「木蠟《もくろう》」というロウソクを作れます。

佐藤―裏返して言うと、当時の民衆の中にそういった贅沢《ぜいたく》品への需要があったということですよね。

安部―そのとおりです。とりわけ都市生活者の中で富の集積が起き、豊かな人が贅沢品を求めるようになりました。開国（1854年の日米和親条約[*7]）の50年くらい前からそういった傾向が強まり、1820年代くらいからどんどん顕著になっていきます。

佐藤―娯楽について言うと、黄表紙本の流行なんていうのは興味深いですよね。挿絵が入っている黄色い表紙の通俗本が、大量に売られるようになりました。マンガの走りみたいなものですよね。

安部―紙の生産が飛躍的に伸び、安い値段で紙と本を作れるようになりました。

佐藤―するとと遊び本が出てくるわけです。浮世絵が町民レベルにまで普及して、ちょっとした町人でも浮世絵をもつようになりました。

安部―文化文政時代（1804〜30年）に娯楽がもてはやされ、『南総里見八犬伝』（曲亭馬琴）がベストセラーになったりもしました。

　東京・日本橋に、1653年創業の小津和紙という和紙専門店があります。ここの330年史がおもしろいんですよ。1856（安政3）年の1年間だけで、江戸に紙がどれだけ入ってきたのか。なんと98万4707箱もの莫大《ばくだい》の量の紙が入ってきたというのです（https://www.ozuwashi.net/330/）。

佐藤―それはものすごい数ですね。

安部―330年史には〈越前《えちぜん》奉書紙（明治時代）の場合は、四十八枚を一帖《いちじょう》とし、十帖《じゅうじょう》を一束とした〉と書いてあるので、1束が1箱だったんじゃないでしょうか。この紙がほぼ全部大坂から菱垣廻船《ひがきかいせん》（江戸・大坂間の定期貨物船）に乗って運ばれてきました。

　これより100年以上前、享保の改革の真っ最中だった1726（享保11）年には、大坂から江戸に送られてくる米は年間86万俵余、酒は79万樽《たる》だったそうです。そのころ年間1300艘《そう》の廻船が、大坂と江戸を行ったり来たりしていました。

安政期（1854～60年）の下田（伊豆半島）や浦賀（三浦半島）は「出船入船3000艘」とよく言われます。これはオーバーな数字ではなくて、実際に3000艘の船が次々と出入りしていたのでしょう。ペリー[*8]が黒船に乗って浦賀に来たのは、その流通ルートを押さえるためだったのです。

佐藤― 店の入り口にヤクザが来て、みかじめ料を取るようなものですね。

安部― 「おまえ、オレと交渉せんと客を通さんぞ」と。

佐藤― 今で言う威力業務妨害です。

安部― 江戸幕府があれだけあわてて交渉に応じたのは、3000艘の船の流通を妨害されてはかなわないからです。東海道線と東名高速道路の上にシン・ゴジラが居座ったようなものですよ。

■ペリーの黒船に物売りに出かけたたくましい漁民

安部― ペリーの黒船が4隻来て浦賀に停泊していたとき、3000艘の船はどうなっていたのでしょう。おそらく黒船の横を普通に往来していたと思います。

佐藤― 私もそう思います。

安部― おもしろいことに、浦賀の漁民たちがペリーの艦隊に船を寄せて、食糧などを売りに行っていた記録があるのです。艦隊にいっぱい船が寄っている画が、当時の浮世絵に描かれています。吉田松陰《しょういん》*9はその船に乗せてもらってアメリカの艦船に乗りこみ、密航しようと試みました。漁民はおそらく給水令を逆手に取って「これは違法じゃない」と言いながら、黒船相手に商売をしていたのではないでしょうか。

佐藤― 江戸っ子は好奇心旺盛ですから、珍しいものが来たらみんな寄っていきます。だって瓦版に「相模湾《さがみわん》に海坊主《うみぼうず》現れる」と話題になるくらいだから、よほど好奇心旺盛なのですよ。

ペリーが来たとき、日本人はアメリカ人の体格が立派であることにビックリしたはずです。そこで「こっちのほうが引けを取ってはいけない」ということで、日本側の交渉人は力士を連れて行って座らせておきました。「海の向こうからこんなにデカイやつがやってきた。日本が軽く見られないためにはどうしたらいいか。こっちにも体が大きいのがいることを示すために、相撲取りを連れて行こう」と自分の頭で真剣に考えているのです。あの巨体には相手もさぞかしビックリしたと思います。

そのときのイメージが、アメリカ人の頭の中にはいまだに残っていたのです。「００７は二度死ぬ」（１９６７年公開）という映画を見ると、ボンドガールを浜美枝《はまみえ》が演じていて、丹《たん》波哲郎《ばてつろう》は姫路城の天守閣に住んでいます。おもしろいことに、姫路城の入り口を守っているガードマンは相撲取りなのです。あれがアメリカ人にとってのオリエンタリズムのイメージそのものなのでしょう。城の中に入ると中国の壺《つぼ》みたいなものがたくさん置いてあって、そういう中で住人は扇子で顔を煽ぎながら暮らしている。

普通のアメリカ人やイギリス人の頭の中にある日本の雰囲気を全部入れこんで、あの映画は作られています。ペリー来航のときに初めて見た力士の強烈な印象が、１００年後のアメリカ人の記憶にはまだ色濃く残っていたのです。

■米・紙・塩・蠟が生んだ富の集中

佐藤― 先ほどの安部さんのお話をうかがっていると、黒船がやってきた当時の江戸の経済発展ぶりが目に浮かぶようです。江戸時代末期の段階で、商人の世界での富の集中は相当程度起こっていたのですね。

安部― それはもうすごかったはずです。長州《ちょうしゅう》藩なんて、北前船の流通の一番いいところを押さえていました。関門海峡から瀬戸内海に船が入ってきたあと、下関《しものせき》と中関《なかのせき》（三田尻）、上関《かみのせき》という三つの港のどこかに留まります。長州藩はこの三つの港すべてを押さえていました。

そこが流通の中心になりますし、港湾利用税だって取れます。

　このおいしい流通ルートを利用して、長州藩は「防長三白」と呼ばれる藩内生産品を売りまくりました。「三白」とは米と紙、塩（あるいは蠟）です。北前船のルートを使って、長州藩はこれを全国に売りさばきました。実質１００万石もの収入になったそうです。

佐藤―商業的な収入は、石高にどうやって算入するのですか。

安部―これがおもしろくて、特別会計（特定の目的のための会計。一般会計から切り離してその収入、支出を経理する）で処理したのです。表高の37万石は、全部一般会計（基本的な行政サービスを行う会計）に入れなければいけません。でも商業収入は幕府の監視下にはありませんよね。だから米や紙や塩によって得た売上は特別会計にしているのです。特別会計のほうが圧倒的に豊かで、しかもその数字は外に公表する必要がありません。さまざまな文献によると、明治維新が起きたあと、長州藩はその特別会計から大蔵省に１００万両を納めたと言われています。

　今の日本政府の予算形態も一般予算と特別予算に分かれていて、全体の３分の２は特別予算です。この形態は、まるで長州藩のスタイルを引き継いでいるかのようですよね。

佐藤―長州藩の財務状況は、今の企業経営から見ても相当やり手だったのですね。

安部―　塩を生産するときには燃料が必要です。宇部《うべ》に炭鉱がありまして、そこで採れた石炭を使って塩を焼いていました。長州藩の塩の生産が飛躍的に伸びると、石炭が足りなくなります。そこで黒田藩や唐津《からつ》藩、現在の福岡や佐賀から長州藩は石炭を買い入れするようになりました。すると長州藩の成功のあとを追って、瀬戸内海領域の藩がこぞって塩を作り始めるのです。そうすると塩は値崩れを起こします。

佐藤―　需要と供給のバランスが崩れたら、当然そうなります。

安部―　その値崩れをトラスト（談合）によって防ぎ、塩の価格を維持しました。こういった動きが、雄藩連合（勢力の強い藩の連合体）を作る下地になっていくのです。

　1855年に亡《な》くなった村田清風[*10]という長州藩士が、1830年代から40年代にかけて長州藩の藩政改革を進めていきました。長州のように改革に成功した藩だけが生き残って、列藩へと成長していくのです。

■ 欧米の船が極東の日本を目指した理由

佐藤―　そんな豊かな日本を目指して、幕末に黒船が来航しました。一昔前までの教科書には「金鉱発見によってカリフォルニアの発展が進み、太平洋航路による中国貿易も開始された。

このための中継地として、また太平洋捕鯨業のための寄港地として日本の開国を必要とするに至り」（『高校日本史』自由書房、１９７０年）と書かれていたものです。最近の教科書は「太平洋航路が開通した結果、アメリカと列強諸国は日本の石炭に関心をもつようになった」という記述にだんだん変わってきています。

安部―蒸気船を動かすためには、石炭の中継基地が必要です。どこかで石炭を補給しなければ、長い航路を旅できません。よく「船の長旅には薪と水が必要だ」と言いますが、蒸気船の航行には石炭こそが最も必要なのです。

佐藤―太平洋航路ができたことが、黒船来航の大きなきっかけです。ただしアメリカの国力はまだ十分ではなく、日本に植民地主義的な進出をするほどの力はありませんでした。黒船来航の時期がもうちょっとあとであれば、米西戦争[*11]（１８９８年）のようになっていたかもしれません。アメリカがフィリピンを植民地化したように、日本に攻め入っていた可能性があります。１８５０年代にペリーが日本にやってきたのは、非常に良いタイミングでした。

安部―黒船来航の１８５３年当時は、イギリスにも余裕がありませんでした。

佐藤―イギリスは清国とのアヘン戦争[*12]（１８４０～42年）で疲れていましたからね。アヘン戦争で戦力をかなり使ってしまい、インド経営も大変でしたから、すぐに日本に突っこんでこられる感じではありませんでした。

安部―中国だって太平天国の乱[*13]が勃発して苦しんでいましたからね。１８５１年に決起した太平天国は、１８５３年に南京《ナンキン》を首都とする新国家を作りました。清国がこれを鎮圧したのは１８６４年のことです。

佐藤―オランダは日本に拠点をもっているのでグッと入りこんできても良かったのですが、インドネシア経営が大変なのでそんな余裕はありませんでした。フランスはナポレオン戦争[*14]のあとは基本的に調子が良くないですからね。インドシナの植民地開発で手いっぱいですし、フランスには極東まで出ていく余裕はありませんでした。列強諸国に軒並み余裕がない中で、門戸を最初に開いた国がアメリカになったのです。

日本が門戸を二番目に開いた国はロシアでした。和田春樹《はるき》先生の『開国　日露国境交渉』（ＮＨＫブックス）という本を読むと、ロシアとアメリカの開国のやり方の違いがよくわかります。ロシアのほうがアメリカよりも日本のことをよく知っていたため、力ずくではなく納得のうえで開国の交渉を進めました。

日米和親条約（１８５４年）より日露和親（通好）条約[*15]（１８５５年）のほうが時期が少し遅れたものの、ロシアは日本にいたずらに圧力をかけない形で国交を開設しています。いずれにせよ、あの時期は列強のバランスが日本にとっていちばん良いタイミングでした。

安部―不思議なくらい無風状態でしたよね。

佐藤―これがあと10年遅れていれば、中国の力が弱いことが列強諸国にはっきり見えていたことでしょう。「だったら中国とセットで日本もやっちまえ」と、一気に攻めこまれて植民地化されていたかもしれません。

当時の日本のエスタブリッシュメント（支配階層）の中には、アメリカやイギリス、フランスから植民地化されるかもしれないという危機感はありました。どこかの国から攻めこまれたとき、もし外国の傭兵《ようへい》部隊に支援を頼むようであれば、日本は植民地にされていたかもしれません。お互い争い合っている幕府と維新政府の間に「国内の問題は国内で解決しよう」というコンセンサス（合意）があったのが幸いでした。

安部―「自分たちは国民のために働き、国のために働くのだ」という武士道と尊王思想が、幕末の時代のみんなの腹にあったのでしょう。

■開国前に琉球に居座った宣教師ベッテルハイム

佐藤―長州藩や薩摩《さつま》藩では、外圧に対する危機感が早くからものすごく強くありました。

安部―薩摩藩は特に琉球《りゅうきゅう》を支配していましたからね。明治維新（１８６８年）の20年以上前の１８４６年には、琉球にイギリス船が到着しています。

佐藤―ベッテルハイム（イギリスの宣教師）がそのまま琉球に居座り、キリスト教の伝道を始めました。彼は１８５４年に香港《ホンコン》にも行き、琉球語訳の聖書を出版しています。

安部―そういった情報が薩摩藩にはビンビン届いていまして、「まずいぞ。どうするんだ」と大騒ぎしているのです。ペリーが日本に来る10年近く前から、薩摩藩は外圧という深刻な問題に直面していました。江戸幕府よりもずっと早い段階で、どうやって外圧に対処するのか議論を始めていたのです。

■明治維新の20年前に出版された『共産党宣言』

安部―マルクスとエンゲルスによる『共産党宣言』が出たのは１８４８年です。

佐藤―明治維新のちょうど20年前ですね。

安部―帝国主義と労働運動は双子の兄弟みたいなものです。18世紀後半から19世紀にかけてイギリスで産業革命が起こり、１８３０年代後半からは「チャーチスト運動」（労働者階級の普通選挙権獲得運動）もイギリスで起こりました。パリで二月革命が起きたのは１８４８年のことです。帝国主義の国は国内に革命勢力を抱えているため、議会においてそんなにムチャクチャなことはできない時代になってきました。

佐藤―フランス革命（１７８９年7月～95年8月）から半世紀以上が経ち、民主主義的な考え方は人々の間に浸透してきました。明治維新の１８６８年は、マルクスの『資本論』第１巻が出た1年後でもあります。我々は今、極めて近代に近い意識で『資本論』を読みますよね。でもあの本は、明治維新とほぼ同時に出版された本なのです。『資本論』が書かれた当時、日本では人々がチョンマゲを結って、武士は腰に刀を下げていました。こういう感覚をもつと、明治維新当時のヨーロッパがどういう状態だったのかが私たちの目にも見えてきます。

安部―フランスは帝国主義か革命かというせめぎ合いの中でナポレオン3世が現れ（１８５2～70年に皇帝在位）、倒されました。

佐藤―ロシアも農奴解放[*16]（１８６１～66年）のころですからね。

安部―19世紀後半の世界は、激動の時代でした。

■４カ国艦隊による下関砲撃事件

佐藤―先ほど話題にのぼったアヘン戦争について追加すると、第2次アヘン戦争（アロー号戦争）に注目しなければいけないと思うのです。１８５６年10月にアロー号というアヘン密輸船に清国の官憲が乗りこみ、イギリス国旗を引きずり下ろして乗員を逮捕しました。アロー号はイギリス（香港）船籍の船だったのですが、国旗を引きずり下ろしたことに怒ったイギリスが、フランスと一緒に清国に戦争を仕掛けます。その結果、清国は英仏《えいふつ》連合軍に敗北して、１８５８年に天津《てんしん》条約[*17]を批准して60年には北京《ペキン》条約[*18]も締結しますが、このとき実際に戦ったのはインド兵だったのです。「アジア人とアジア人を戦わせる」という構図を作り、イギリス人は後ろに控えていたのです。

　その間にインド大反乱（セポイの反乱：１８５７〜59年）も起こります。イギリス東インド会社のインド人傭兵が決起したものの、イギリス軍によって鎮圧されてしまいます。しかし、インド兵たちに第２次アヘン戦争で活躍の場を与えることで、彼らのメンツを残しつつ、「二度とイギリスとは戦争をするなよ」という図式を作ったのです。

安部―かたや日本の薩摩藩は、イギリスと薩英《さつえい》戦争[*19]（１８６３年）を起こしました。１８６４年には、イギリス・フランス・アメリカ・オランダの４カ国連合艦隊が長州藩とぶつかり、下関に砲撃を加える事件（四国艦隊下関砲撃事件）も起こっています。薩摩藩と長州藩は戦争をしたあと、一躍攘夷《じょうい》を捨てて親英路線を進みました。その路線を先導したのは、グラバー[*20]

というイギリスの武器商人です。

佐藤―イギリスのねらいとしては、薩長《さっちょう》を使って幕府を傀儡《かいらい》にしたかったのでしょうね。イギリスにはインド大反乱の経験則がありました。インド兵と同じ役割を薩長にやらせて、幕府に決起を促す。そのうえで、薩長を傀儡にして日本を乗っ取ろうと考えていたのでしょう。でも薩長はイギリスよりも役者が上でした。それこそ西郷隆盛《さいごうたかもり》＊21なんて一枚上手《うわて》ですから、「その手には乗らないぞ」とイギリスを突っぱねるわけです。

安部―一見イギリスの提案に乗ったフリをしながら、大事なところでは絶対に譲らない。

佐藤―自分たちの手の内にはイギリスを招き入れない。幕府はフランスから武器を買っていましたが、大事なところではフランスを招き入れませんでした。フランスとがっちり手を組んでいれば、幕府は薩長との戦いに勝利したでしょう。そのかわり日本はフランスの植民地にされて、ベトナムと同じような運命をたどっていたはずです。

安部―興味深いことに、長州藩が下関で4カ国連合艦隊から砲撃を受けた翌日に「長州ファイブ」がイギリスに出発しているのです。

佐藤―幕府には秘密で長州藩が派遣した留学生ですね。

安部―伊藤博文《ひろぶみ》＊22とか井上馨《かおる》＊23など5人が、武器商人グラバーの手引きでイギリスへ留学しているのです。よりによって砲撃の翌日ですよ。長州藩には、こういうダブルスタンダードを平気でやるしたたかさがあったのです。

佐藤―薩摩藩だって面従腹背《めんじゅうふくはい》どころか、密貿易をやっていましたからね。

■500万両もの借金をチャラにしたカラクリ

安部―僕は調所笑左衛門広郷《ずしょしょうざえもんひろさと》[*24]（薩摩藩の家老）の小説を書いたことがあります（『薩摩燃ゆ』小学館文庫）。江戸時代後期に薩摩藩の藩財政はとんでもない大赤字になってしまい、その借金は500万両にも膨れ上がりました。調所は島津重豪《しげひで》から「この借金を10年以内にチャラにしろ」と命じられます。

　調所がこの借金をどうやってチャラにしたかというと、第一に、佐藤さんがおっしゃった密貿易です。第二に、奄美《あまみ》大島でやった黒砂糖生産でした。第三に、借金の踏み倒しです。500万両を250年の年賦で返す。毎年2万両ずつ返すなんて言いながら、借金をウヤムヤにしちゃう。第四に、贋《にせ》ガネ作りをやりました。ちょうどそのころ、幕府が二朱金《にしゅきん》（金貨）の改鋳《かいちゅう》、改悪をやったのです。薩摩藩は、改悪した二朱金にそっくりな贋ガネを作りました。

佐藤―薩摩藩の密貿易は琉球を通じてやったのですよね。

安部―琉球は当時独立国でしょう。だから清国との貿易を自由にできました。薩摩藩は琉球に支配権をもっていたので、清国から琉球に入ってきたものを日本にもちこむことができます。幕府からは当然、「物品のもちこみは年間これだけにせよ」という制限があるわけですが、薩摩藩はそれを完全に無視するのです。

　反対に日本から中国に物品を輸出するとき、何が一番売れたのか。北海道で「俵物」と呼ばれる昆布、それから煎海鼠《いりなまこ》や乾鮑《ほしあわび》、鱶鰭《ふかひれ》といった乾き物がよく売れたのです。それを加賀藩が北前船で買いつけて、加賀藩の船で薩摩藩まで運び、薩摩藩がそれを買って琉球に運びます。

佐藤―琉球はそれを清国に売る。

安部―だから今でも沖縄には昆布料理が多いのです。

佐藤―オホーツクの昆布が船に乗って入ってきたなごりですね。

安部―逆に中国から入ってくるものは薬種《やくしゅ》が多い。漢方薬です。薬だとかさばらないので、船でたくさん運べます。その薬を、富山の薬売りを通じて売りました。

佐藤―藩同士のネットワークをもっていたから、清国・琉球経由の商業流通がスムーズに進んだのですね。

安部―藩を越えて流通と商業を維持するシステムが、日本ではかなり早い時期からできあっていました。その状況を土台として見なければ、なぜ明治維新のときに越前が薩長側についたのかがわからなくなってしまいます。

■朝河貫一と白虎隊の隊員だった山川健次郎

佐藤―流通と商業の太いネットワークがあったから、あの同盟が成り立ちました。奥羽《おうう》（現在の東北地方）の藩はそこのネットワークに入っていなかったので、鳥羽《とば》・伏見《ふしみ》の戦い*25と戊《ぼ》辰《しん》戦争*26で薩長と対立したのです。

安部―戊辰戦争は、まさに日本の南北戦争のようなものです。江戸幕府の幕藩体制を奥羽が支持していたために、南方の薩長と内戦を起こすことになりました。

佐藤―なぜ新島襄《にいじまじょう》*27や内村鑑三《かんぞう》*28がキリスト教の教育に力を入れたのか。彼らが薩長の出身ではないからです。旧佐幕派の人間は若くて能力が高くても、官僚や軍人の世界では低いポストで出世が頭打ちになってしまいます。そうするとやるべき仕事は、教育か宗教になるわけです。

安部―だからアメリカへ行った留学生がいっぱいいるのですよね。僕が『維新の肖像』で書いた朝河貫一《あさかわかんいち》*29もそうです。

佐藤― 朝河貫一は福島県二本松市出身です。

安部― 中央政府の傍流にいたので、外へ飛び出していった人材はけっこう多いのです。朝河と同じイェール大学に留学した山川健次郎*30は、白虎隊《びゃっこたい》*31の隊員でした。そういう人たちが「第二の維新を起こして日本を良くしていこう」という理想に燃えて日本に帰ってくるのです。

佐藤― 幕藩体制のしきたりなり文化は残りつつも、若い人の力をちゃんと教育や宗教の世界で活用できるように、人材登用のフタが開いていました。傍流にいた人たちにとっては、経済・産業で活路を開く道もあります。商売の世界では儲《もう》けられる人が偉いので、出自がどこかなんて関係ありませんからね。

■外敵から日本を守れなかった「名ばかり征夷大将軍」

安部― 薩長同盟の討幕運動が激化する中、とうとう第15代将軍・徳川慶喜《よしのぶ》*32は１８６７年に大政奉還しました。

佐藤― 原理的に征夷大将軍《せいいたいしょうぐん》は、外敵による攻撃から日本を守るための臨時総司令官です。朝廷からその任命をもらっているのに、黒船がやってきたら征夷大将軍は日本を守れませんでした。「私は征夷大将軍の役割を果たせていません。はい、お返しします」。大政奉還は基本的にこういう図式です。

　外敵がやってくるまで、自分たちの国の国家主権なんて誰も考えていませんでした。外国との関係を、誰が究極的に整理できるのか。征夷大将軍では無理なのです。だって征夷大将軍は夷狄《いてき》（外国勢力）をやっつけるのが仕事ですからね。

「外敵をやっつけろ」と命令されている人には、外敵と関係を作る外交交渉をやる権限も能力もありません。外交をやる権限をもっている人が誰もいないという、大変な事態になってしまったのです。

安部―もともと「外交権は朝廷に属する」という不文律が、日本にはずっとありました。

佐藤―遣隋使《けんずいし》や遣唐使《けんとうし》、朝鮮通信使にしてもそうでした。忠臣蔵のドラマを見てもわかるように、なぜ朝廷から来るお客さんをあんなにたいせつにしなければいけないのでしょう。京都の二条城に行くと「勅使の間」があって、畳がちょっと高くなっています。将軍が下に座って、天皇の使いである勅使は一段上に座るのです。

安部―預治思想の図式は天皇・幕府（将軍）・大名の順番ですからね。将軍や大名は天皇から統治の権限を預かっているだけですから、どこまでいっても天皇より上にはいけないのです。

水戸《みと》学派[*33]は、幕府の権威がなぜあるのかを説明するときに「天皇から預託を受けているからだ」「天皇から国内統治権を任されているからだ」と説明します。だから佐藤さんがおっしゃるように、征夷大将軍が征夷という役割を果たせないことが明らかになったとき、諸刃《もろは》の剣で逆転して「幕府にはこの国を治める力も、外敵を撃退する力もない。だからもはや将軍ではいられない」となってしまうのです。

■右翼思想家・権藤成卿が重視した常陸と信濃

佐藤― 水戸藩は尊王攘夷でかなりがんばりましたが、結局維新政府においては不遇でしたよね。

安部― 水戸藩の尊王攘夷派は天狗党《てんぐとう》の乱[*34]（１８６４年）で決起しましたが、勢いはあそこで終わってしまいました。水戸藩は東に位置し、全国の流通体制の中で力をもちえなかったのが大きいんじゃないかと思います。

佐藤― 逆に言うと、豊かだったから商業・流通を強化する必要がなかったとも言えます。戦前の右翼思想家である権藤成卿は「日本を押さえるのだったら2カ所だけだ。常陸《ひたち》（現・茨城県）と信濃《しなの》（現・長野県）だ」と言っています。常陸と信濃は農本主義が中心ですから、この2カ所さえ押さえれば日本の世直しはできる。権藤はそう言って常陸と信濃を重視しました。ここは非常に豊かな地域です。つまり常陸と信濃は、通商になんて頼らなくても自力で生きていけました。

安部― 水戸藩の改革は、主に農業政策でした。流通政策にはあまり依存していません。長州藩や薩摩藩は農本主義では生きていけないのと同時に、商業・流通において好立地に位置していました。

佐藤― 薩摩藩には桜島がありますから、米がたくさんできるような環境ではありません。米どころの藩とは違って、貿易によって外貨を得たり、国内の商業・流通で利益を出さなければやっていけなかったわけですね。

■「表日本」「裏日本」というパラダイム

佐藤― 長州藩の特徴の一つは、朝鮮半島が非常に近いことです。

安部― 大内氏なんて、自分は朝鮮王朝の血筋だと言っているくらいです。あの地域では、朝鮮半島との間でずっと昔から貿易がありました。今だって朝鮮半島から下関まで船に乗って行商人が来るくらいです。

佐藤―一昔前までは「表日本」「裏日本」という言い方をして、日本海側が「裏日本」扱いされていました。これは明治以降に東海道地域が高度産業化されて、交通ネットワークができてから出てきた感覚です。太平洋側の向こうに船で漕《こ》ぎ出したって、アメリカ大陸まで何もありませんよね。太平洋側には広い海が広がっているだけであって、大陸も文明もない。文明に近いのは日本海です。山口や福岡に住んでいる人にとっては、朝鮮半島は皮膚感覚としてすぐに渡れるくらい近い。太平洋側に住んでいる人とは、朝鮮半島や中国大陸への距離感は全然違います。

安部―壱岐《いき》・対馬《つしま》あたりで暮らしている人も、朝鮮半島や中国大陸は「すぐ近所」という感覚ではないでしょうか。僕は福岡生まれですから、物事を考えるときにいつも東アジア全域を意識します。ところが新幹線に乗って関ヶ原を越えたあたりから、だんだんそういう意識が薄れていくのです。京都くらいまでは、自分の意識が東アジアとつながっているのですが。

福岡では民族派右翼の頭山満《とうやまみつる》*35が玄洋社《げんようしゃ》を設立しました。頭山が唱えた大アジア主義という思想は、福岡で生まれ育った者ならではのダイナミックな視点です。

佐藤―その点、江戸っ子は全然感覚が違いますよね。夏目漱石《なつめそうせき》*36の『坊っちゃん』を読むと、愛媛の松山に赴任が決まった坊っちゃんと女中の清の間でこんなやり取りがあります。

〈「おれの行く田舎には笹飴《ささあめ》はなさそうだ」と云《い》って聞かしたら「そんなら、どっちの見当です」と聞き返した。「西の方だよ」と云うと「箱根のさきですか手前ですか」と問う〉
（『坊っちゃん』岩波文庫）

山嵐や赤シャツ、マドンナとのあれやこれやを回想しながら〈こんな事を清にかいてやったら定めて驚く事だろう。箱根の向こうだから化物が寄り合ってるんだと云うかも知れない〉と言う。江戸で暮らす人から見たら、まさに〈箱根の向こうだから化物が寄り合ってるんだ〉くらいの感覚がけっこう最近まで続いていたのかもしれません。

■菅直人首相「奇兵隊内閣」というズレたネーミング

佐藤― 箱根のこっちと向こうで大きな違いがあると感じるのは、正月の2日と3日です。東京にいる人は、箱根駅伝は国民的行事だと思っています。でも京都の人は、箱根駅伝なんてほとんど関心がありません。

安部― 箱根駅伝に出られるのは関東の大学限定であって、関西の大学は参加できませんからね。

佐藤―でも関東にいると、あれは全国的な行事のように見えます。春夏の甲子園大会、正月の箱根駅伝は全国の人が関心をもっていると関東の人は思っていても、ほかの地域ではそれが常識ではありません。〈箱根の向こうだから化物が寄り合ってるんだ〉というような地域差は、今もところどころに残っているのです。

安部―「東奥日報」の記者の方と同行する予定で青森に取材に行ったときに、初対面なのにいきなり「安部さん、青森が日本になったのは８００年前ですから」と言うのです。「蝦夷《えぞ》を討伐するのだ」と言って、朝廷は北へ北へと攻め入って東北・北海道を制圧していきました。そういう歴史を知らずにいると、現地の人と話しているときにとんでもない温度差と行き違いが生じてしまいます。

佐藤―私の父親は福島県三春町にルーツがあります。菅直人《かんなおと》政権ができたとき（２０１０年6月）、菅総理が自ら「奇兵隊内閣」と名づけました。

〈「奇兵隊内閣」とでも名付けたい。（菅氏の出身地である山口県出身の）高杉晋作[*37]は、逃げるときも攻めるときも速い。まさに果断な行動で明治維新を成し遂げた。いまの日本の停滞を打ち破るためには、果断に行動することが必要だ。そして（高杉が組織した）奇兵隊は必ずしもお殿様の息子たちがやった軍隊ではなく、武士階級以外からもいろんな人が参加した。幅広く国民の中から出てきた我が党の国会議員が奇兵隊のような志をもって、勇猛果敢に戦ってもらいたい〉（２０１０年6月9日、「朝日新聞」菅首相記者会見）

これを福島で言ったらどういうイメージになるのか。戊辰戦争のときに会津がどういう状況に陥ったかという歴史認識が、ゴッソリ抜け落ちてしまっているのです。３・11の東日本大震災以降も菅総理は「奇兵隊内閣」というキャッチフレーズを使い続けました。歴史に対する意識の欠如は、こういう発言に表れるのです。人の神経を逆なでしていることがわからないのは、リーダーとして深刻な欠陥です。

■ 京都人にとっての鳥羽・伏見の戦い

安部―安倍晋三《しんぞう》首相は盛んに２０１８年を「明治維新１５０年」と訴えました。福島ではみんなあれに反発して「２０１８年は戊辰１５０年だ」と言って、一つの運動を起こそうというところまで来ていたのです。

佐藤―「明治維新150年」なんて言ったところで、沖縄では誰にも響きません。だって明治維新によって沖縄は何も変わりませんでしたからね。沖縄が変わったのは1868年の明治維新後ではなく、1879年の琉球処分[*38]後ですから。

安部―1868年を強引に明治維新元年にしようとしても、福島や沖縄ではまるで通用しません。

佐藤―京都においても、戊辰戦争は非常に大きな意味があります。京都の人にとっては鳥羽・伏見の戦い（1868年）は「直近の戦争」という感覚ですし、それより前の戦争は応仁《おうにん》の乱（1467〜77年）なのです。

　同志社大学の学生時代に私が暮らしていた下宿は、日清《にっしん》戦争のときに建った古い家でした。あるときお風呂屋さんで近所の人と一緒になって「どこの家に住んでるんだ」と訊《き》かれたので「聖護《しょうご》院《いん》の某《ぼう》さんのところです」と言ったら「ああ、あの人は京都の人じゃないから。東本願寺の改築のとき、江戸末期に信濃から来た人なんだよ」と言います。要するに、応仁の乱以前から暮らしていたのが真正の京都人であって、応仁の乱以後に京都に入ってきたのはニューカマー（新参者）だというわけです。

■鎖国時代も外界に開いていた「四つの窓」

佐藤―江戸時代は、一般的に鎖国の時代だととらえられています。でも日本が外国との窓口を完全に閉ざしていたわけではありません。厳密な意味での鎖国ではなく、窓は限定的に開かれていたのです。

　オホーツクとは松前《まつまえ》口で交流し、朝鮮半島とは対馬口で交流しました。オランダとは長崎の出島、中国とは琉球を通じて交易をしています。鎖国の時代に、外界への窓が四つも開いていたのです。その四つの窓は、当時の日本においては必要かつ十分な国際関係でした。外交関係はなくても、貿易関係は生きていたのです。

安部―四つの窓を通しての貿易関係は、いつまでも平和的に続いたわけではありません。やがて外圧は安全保障上の脅威として迫ってきます。外圧が来ていることを幕府にも報告すれば、当然海防令を強化することになりますし、「外国船は打ち払え」という命令を出します。でも外国船を本気で打ち払ったら戦争になっちゃいますので、薪と水だけあげて穏やかに出て行ってもらったほうがいい。

　こうした国防上の危機が、蘭学《らんがく》の必要を生みました。外圧に打ち勝つためには、世界情勢を知らなければいけません。西洋技術を早く導入しなければ、とても外国には勝てない。そこで蘭学をこれまで以上に学ぶことによって、ガチガチだった鎖国体制が次第に壊れていくのです。

佐藤一　時代が変化する中で、最新のノウハウと知識をどうやって手に入れたらいいのか。当時の日本がもっているカードを使ってヨーロッパの知識を得たくても、オホーツクのツングースからは得られません。朝鮮半島からもヨーロッパの学問や知識は入ってきませんし、中国から入ってくる情報も非常に限られています。

　となると、日本がもっている残りのカードはオランダしかありません。所与の条件の中でどのカードを使うか選んだ結果、蘭学という結論に至りました。これは極めて合理的な選択です。当時のオランダは、だいぶ負け組に入りかけている国です。なぜそこから日本が知識を吸収しなければならなかったのか。オランダのみが使うことのできるカードだったからです。

　今から見ればたいして大きな船ではないのですが、帆に依存しないで蒸気で動く船は脅威でした。真っ黒くて恐ろしい船が浦賀に入ってきて、しかも空砲を鳴らした。それだけで天が裂けるんじゃないかと思うくらい、みんな怖《おそ》れをなしたわけです。そういう怖いものに出合うことによって「日本は西洋のことを知らないといけない」「もう虚勢は張れない」と危機感に駆られました。そこからただちに柔軟に思考を変えて「よし、オランダから学ぼう」と軍艦の購入を申し入れ、海軍伝習をオランダに依頼するなど切り替えられるのが、日本人のおもしろいところなのです。

第2章　「パクス・トクガワーナ」時代の終焉

江戸幕府は、敵対心とエゴイズムを
制御するために農本主義へと舵を切った。
そして幕末から明治にかけて、重商主義へと
向かい、軍国主義へと突き進んでいく日本。
100年近くも安定期を保った江戸幕府は
なぜ崩壊したのか。

■江戸の「パクス・トクガワーナ」から乱世の維新へ

安部―話は戻りますが、幕末、維新の話に入る前に、２６５年も続いた江戸時代について総括しておきましょう。

佐藤―日本史について書かれた本をいろいろ読んでいると、江戸時代について「こんなに飢《き》饉《きん》がひどい時代はなかった。どこにいいところがあるのだ」とボロクソに書いているものがときどきあります。

安部―寛永《かんえい》の大飢饉（１６４１～42年）、享保《きょうほう》の大飢饉（１７３２年）、天明《てんめい》の大飢饉（１７８２～87年）、天保《てんぽう》の大飢饉（１８３３～39年）と、江戸時代に大規模な飢饉が何度も人々を苦しめたことは事実です。

佐藤―他方で江戸時代の２６５年間は、戦争がない極めて平和な時代でした。戦争に次ぐ戦争の時代に終止符を打ち、徳川15代の将軍が「パクス・トクガワーナ」（徳川の平和）とも言うべき平和主義の時代を実現したのです。

安部―その平和な時代が終わって明治維新が起きると、日清戦争（１８９４～95年）、日露戦争（１９０４～05年）、そして韓国併合による朝鮮半島の植民地化（１９１０年）、日中戦争（１

937～45年）と、日本は雪崩を打ったように戦乱へと突き進んでいきました。

佐藤―幕末から明治維新の渦中《かちゅう》にいた当事者たちは、慶応と明治でそんなに大きく時代が変わるとは思っていなかったはずです。

安部―当事者とはそんなものかもしれません。

佐藤―1853年、ペリーの黒船が浦賀沖（現在の神奈川県横須賀《よこすか》市）に現れて開国を迫りました。1854年、日米和親条約を結んで日本は開国を決断します。下田と箱館の開港が決まりました。

安部―1853年6月に、ペリーの黒船が浦賀から去った直後の同年7月、ロシアのプチャーチン[*1]が率いる軍艦が長崎に来航します。1855年に日露和親（通好）条約が結ばれ、下田・箱館・長崎を開港することが決まりました。

佐藤―やがてロシアなどあちこちの国に日本の公使館が作られ、1873（明治6）年には明治政府として初めてウィーンの万博（万国博覧会）に参加しています。明治初めの段階で、すでに十分国は開かれ始めていました。それがのちに大きな激変に発展するとは、明治政府の当事者は誰も思ってもいなかったはずです。

■講座派と労農派の「日本資本主義論争」

佐藤　１９２２年にコミンテルン（共産主義インターナショナル＝国際共産党）日本支部（現・日本共産党）が創設されました。２０２２年は日本共産党の結党１００年です。１９２７年から30年代にかけて、講座派（日本共産党系のマルクス主義者）と労農派（非共産党系マルクス主義者）は「日本資本主義論争」と呼ばれる激しい論争を繰り広げました。

　このとき講座派は「明治維新によって、日本は封建主義から絶対主義へ移行した。地主が中心になって従来の封建制がより強化され、絶対主義化し、明治の日本は天皇主義のような社会に変質している。こんなものはとても近代化とは呼べない」ととらえました。それに対して労農派は「さまざまな支障があったにせよ、明治以降に日本の近代化は前進した」という立場です。

　日本共産党は「日本には特殊な型がある。この日本の型は、世界ではほかに類例がない」ともとらえます。こういう見方が正しいとすると、ＳＧＩ[*2]（創価学会インタナショナル）のような仏教団体が世界宗教化することはありえません。

　明治維新をどうとらえるかという問題は、日本の知識人の思考の型にすごく関係しています。明治維新のとらえ方は、古くて新しい課題なのです。

安部｜佐藤さんのおっしゃるとおりです。僕も日米和親条約による開国（１８５４年）から西南戦争[*3]（１８７７年）あたりまでをひとくくりで見ないと、明治維新のもつ意味合いはよくわからないと思います。「点」ではなく「線」「面」という連続性で歴史をとらえるべきなのです。

そういう視点をもたなければ、なぜ享保の改革（１７１６～45年）、寛政《かんせい》の改革[*4]（１７８７～93年）、天保の改革[*5]（１８４１～43年）を経て明治維新に至ったのか。江戸幕府の体制そのものが崩れざるをえなかったのか。流れがよく見えません。

■行き詰まった時代に勃興した「ええじゃないか」運動

佐藤｜松沢裕作さん（慶應義塾大学経済学部教授）という歴史学者が書いた『町村合併から生まれた日本近代　明治の経験』（講談社選書メチエ）というおもしろい本があります。日本の村同士が、どうして仲が悪いのかという研究です。この本の中で松沢さんは、石田梅岩《ばいがん》[*6]と二《にの》宮尊徳《みやそんとく》[*7]に注目します。

安部｜江戸中期に活躍した思想家・石田梅岩は、町人に向けて倫理思想を説きました。「金次郎の像」で有名な二宮尊徳は困窮《こんきゅう》する生家を見事に立て直したのち、各地の藩や村の再建に努め、やがて幕臣にまで登用されます。

佐藤―石田梅岩や二宮尊徳によって、江戸期の町民から武家階級にまで「努力すれば必ず報われて成功するのだ」という通俗道徳が広まりました。ところが世の中には、いくら努力しても成功しない人が必ず存在します。ひどい目に遭ってうんと苦しい生活を強いられる家では、特に女性が最も虐《しいた》げられるものです。すると、その苦境を突破するために神がかりが生まれ、天理教や大本といった新宗教が生まれてきます。

「がんばって競争に勝てば人は幸せになれるのだ」という通俗道徳が行き詰まると、民衆宗教が誕生する。幕末から明治の半ばにかけての時期は、民衆パワーが宗教という形で現れた時代でもあるのです。

安部―「ええじゃないか」運動がまさにそうですよね。１８６７年、御札《おふだ》をもらった人が興奮して狂喜乱舞するムーブメントが名古屋で起こりました。京阪神地方のみならず、広島や和歌山、四国地方など、全国各地で「ええじゃないか」の大騒動は広がります。

佐藤―開国から西南戦争にかけての期間は、民衆の力がさまざまな形で現れてきた大きな時代でした。これはのちのち深く語り合うテーマですけれども、西南戦争のあと、日本の国家はだんだん今までとは違う体制へと変質していきます。天理教や大本といった新宗教、そして「ええじゃないか」のような民衆運動は、当時の日本社会の問題解決にはなりませんでした。そして今度は「国家主義という宗教」が生まれてくるのです。

■『坂の上の雲』の司馬遼太郎史観

佐藤　開国から明治維新、日清戦争までの流れを振り返ることは、現代を生きる私たちにとっても大きな意味があります。２０２０年11月のアメリカ大統領選挙で、トランプが敗れました。トランプ政権の４年間を通じて、米中関係は「貿易摩擦」「新冷戦」どころか「熱戦」の勃発すら予感させるほどまでに悪化しています。

バイデン政権に替わることによって、アメリカと中国との関係は緩和には向かわず、依然として緊張の一途をたどるでしょう。ただしいかなる理由があっても、武力衝突と戦争だけは避けなければいけません。

アメリカがバイデン政権に替わって良かったこともあります。87年にアメリカのレーガン大統領とソ連のゴルバチョフ書記長が締結したＩＮＦ（中距離核戦力）全廃条約は、トランプ政権時代の２０１９年８月に失効してしまいました。アメリカとロシアの間で唯一残る核軍縮条約は新ＳＴＡＲＴ（新戦略兵器削減条約）です。

　非常に危ないタイミングだったのですが、２０２１年2月5日、新ＳＴＡＲＴは期限切れを迎えようとしていました。

安部―大統領選挙でトランプが再選を果たしていれば、ＩＮＦに続いて新ＳＴＡＲＴまで失効するところでした。

佐藤―２０２１年1月20日に新大統領に就任したバイデンは、新ＳＴＡＲＴを２０２６年２月まで5年延長しています。ギリギリ滑りこみセーフでした。

　日清戦争を皮切りに、日本は無謀な軍国主義によってどんどん暴走していきます。対抗するアメリカは原子爆弾の開発を急ぎ、とうとう最終的に原爆が投下される状況まで、軍国主義は日本を追いこんでいきました。テクノロジーの発展と相まって、軍国主義は原爆投下を誘発してしまったのです。

　単にノスタルジーに浸って「幕末維新のころはみんな元気があって良かったね」「あのころは良かった」みたいな感じで陶酔《とうすい》するようではいけません。幕末維新と軍国主義にはさまざまな問題があったわけですし、それは現在進行形の問題でもあるのです。

安部―今の佐藤さんのお話は、司《し》馬《ば》遼《りょう》太《た》郎《ろう》の『坂の上の雲』（文春文庫）あたりを想定していらっしゃるようにお見受けします。司馬さんは１９６８〜72年に「産経新聞」に『坂の上の雲』を連載し、69〜72年に相次いで単行本化しました。東京オリンピック（64年）を成功させ、高度経済成長時代をひた走る時代であれば、司馬さんのあの書き方でも良かったのかもしれません。だけども現代を生きる我々にとっては、司馬史観に心酔しすぎるのは危険です。

■今よみがえる西郷隆盛語録

安部―この対談のために予習をしながら、僕は西郷隆盛《さいごうたかもり》という人物のすごさをあらためて再認識しました。彼の中には「日本史美」が確立されています。「日本の良さをちゃんと政治体制の中で生かしていかなければいけない」「何でもかんでもアメリカやヨーロッパが優れていて、欧米に追随すればいいというやり方はおかしい」ということを、彼は何度も言っているのです。

西郷の語録を読んでいると「文明とは何ぞや」「文明とは、何も軍艦や大砲や宮殿を造ることばかりではない」「文明には人の認識を引き上げる責任がある。アメリカやヨーロッパがやっていることは、それとは全然違う。こんなものは文明でも何でもない」といった趣旨の言葉があふれています。

それを読みながら「ああ、西南戦争が起きた根本の原因はここにあるのだな」と気づきました。大久保利通《としみち》*8や伊藤博文《ひろぶみ》が展開した洋化主義、追随主義にはとてもついていけない。我が国は我が国で、独自の方針とやり方を採用するべきだ。西郷隆盛はそう考えたわけです。

佐藤―土着派ですね。

安部―そうです。もちろん彼も「改革は必要だ」と認識はしているのですが、日本がなくしてはいけないものまでドラスティックに改革しようとは考えていない。

佐藤―日本史の中で西郷隆盛に触れると、靖国《やすくに》神社の根本的な問題に突き当たります。明治政府に対抗して西南戦争を起こした西郷は逆賊ですから、彼は靖国神社には祀《まつ》られていません。

安部―１８６９（明治２）年、幕末から明治維新にかけて亡《な》くなった志士や戊辰《ぼしん》戦争の戦没者を追悼するために、東京招魂社《しょうこんしゃ》（現在の靖国神社）が創設されましたね。

佐藤―あそこは「明治政府の神社」というよりも「長州藩の神社」という要素が強いですから、西郷隆盛の存在は、日本の近代が築いてきた国家主義的な体制とは合わない。なのに西郷は嫌われ者どころか、上野公園にある西郷どんの銅像は多くの人から親しまれています。これはおもしろいところです。

安部―西郷さんの方針がある程度受け入れられる政府であれば、日本は昭和20年の敗戦まで突っ走ることにはならなかったかもしれません。明治政府があそこまで国家主義で突っ走ることなく、日本の形がもうちょっと違っていたのではないかな。

■西郷隆盛が自由民権運動に走っていたら……？

佐藤―「征韓論[*9]を唱えた西郷隆盛は侵略的だった」「当時の明治維新政府は、西郷のそうした動きを抑えていた」といった感じで図式的な整理がなされています。西郷隆盛が征韓論を唱えていたことは事実です。ただし、彼がどこまで本気で朝鮮に行こうとしたのかはわかりません。当時の帝国主義の時代における、タイミングの問題があると思うのです。「大西郷（西郷隆盛）は攻撃的だった」という感じで早計に総括してしまうと、西郷の本質を見誤るのではないでしょうか。

安部―まったく同感です。西郷さんの言葉を読み直してみると、今佐藤さんがおっしゃった「タイミング」の問題があることが折々にわかります。板垣退助《いたがきたいすけ》[*10]は強硬な征韓論を唱えていました。西郷さんは板垣の征韓論を抑えて「オレが先方に行って道理を説いてくる。この状況下ではこうするしかない。ぜひとも我々に協力してくれと頼みに行く。相手がその提案を受け入れず私を殺したときには、板垣、おまえが大将になって戦争を始めてくれ」という話をしているのです。

大久保利通たちは、あとで巧妙に西郷さんのやり方を否定しながら、自己を正当化しました。でも西郷さんが好戦的で侵略的であったという物言いは、真実とはかけ離れているのではないでしょうか。

佐藤― もし西郷隆盛が政争に敗れたあと死なずに自由民権運動[11]の側に行っていれば、日本の自由民権運動はだいぶ変わっていたと思います。

安部― それはすごい想像ですね。

佐藤― 「歴史にif（もし）は禁物だ」と言いますけど、頭の体操をいろいろするとおもしろいのです。もしかしたら西周《にしあまね》[12]じゃなくて、中江兆民《なかえちょうみん》[13]が東京大学の哲学の先生になっていたかもしれません。そうすれば「philosophy」は「哲学」ではなく「理学」という言葉になっていましたよ。西周は「philosophy」に「哲」という言葉を当てはめました。中江兆民流に「理学」という訳語にしていれば、哲学を勉強する東大生はもっと増えていたはずです。ボタンのかけ合わせとタイミングによって、歴史は大きく変わります。

アメリカの南北戦争（1861～65年）で余った武器と、行き場所がない南軍系の人たちが、大陸浪人みたいな雰囲気で日本にやってきました。いかがわしいアメリカ人が商売先として日本を求めてやってきたのも、西南戦争に影響しています。ダイナミックな巡り合わせによって幕末の西南戦争は勃発し、日本史を大きく動かしました。

■明治維新と琉球処分

佐藤―ちょっと目を外側に向けて、明治維新当時の沖縄についても触れておきたいと思います。1871（明治4）年、明治政府は廃藩置県[14]によって中央集権化を断行しました。

安部―全国に261あった藩を廃止して、明治政府が府と県に地域を再編成しています。

佐藤―ただしこのとき、沖縄だけは廃藩置県が行われませんでした。

安部―徳川家康《とくがわいえやす》時代の1609年、薩摩《さつま》藩《はん》の島津氏は琉球侵攻[15]を仕掛けます。琉球王朝は薩摩藩に征服されたものの、他方でそれ以前からの明国や清国との冊封体制（中国皇帝との君臣関係）は継続しました。

佐藤―だから明治政府は、琉球《りゅうきゅう》王国の取り扱いをどうしたものか苦慮したのです。1869（明治2）年、明治政府は廃藩置県の布石として全国の藩に版籍奉還[16]を命じました。

安部―それぞれの藩がもっている版（土地）と籍（民衆）を朝廷に返せというわけです。

佐藤―　琉球王国としては「版籍奉還だ」と言われたところで、「私らは幕府から何もお預かりしていません。何をお返しすればいいのでしょうか」と答えるしかないのです。そんな中、1871（明治4）年に明治政府にとって都合のいい事件が起きました。台湾に漂着した琉球王国の漁民が殺されてしまったのです。1874（明治7）年、西郷従道《さいごうつぐみち》[17]は台湾出兵によって落とし前をつけさせました。

台湾出兵に先立つ1872（明治5）年には、「琉球は明治政府に帰属する」という点を明確に示すため、琉球王国を琉球藩に改組しています。

琉球王国は1854年に琉米《りゅうべい》修好条約[18]を、1855年に琉仏《りゅうふつ》修好条約[19]を、1859年には琉蘭《りゅうらん》修好条約[20]を結びました。「琉球王国は独立国だ。条約はまだ生きている」なんて外国からケチをつけられると面倒くさいですよね。そういった点もクリアしながらかなり無理やり沖縄県を作り上げ、東京の明治政府に沖縄を帰属させたのです。

全体を見直してみると、ものすごくダイナミックなことをやっていた時代でした。

安部―　それにしても、西南戦争で敗れて死んでいった人材は惜しいです。能力が高い人材がいっぱいいたのに、西郷隆盛をはじめ多くの人材を失ってしまいました。「西南戦争で問題意識をともにした彼らがもし生きていたら……」と妄想すると楽しいですよね。維新政府を形作った人材は、かなり限られていましたから。

佐藤― 裏返して言うと、西郷さんの西南戦争で多くの人が死んじゃったせいで、明治政府を作ろうとしたときにニッチもサッチもいかなくなっちゃった。だから榎本武揚《えのもとたけあき》＊21みたいな逆臣たちを、どんどん中央政府に登用せざるをえなかったのです。

安部― 榎本武揚なんて、戊辰戦争のときに五稜郭《ごりょうかく》に立てこもって徹底抗戦した人物ですからね。彼はのちにお許しを受け、北海道開拓使として樺太《からふと》・千島《ちしま》交換条約＊22を結びました。

佐藤― 人材が枯渇《こかつ》していたから、昨日までの政敵とも手を結んで体制側に組みこんでいった。ダイナミックでおもしろい時代です。

■海外貿易に見る日本史の法則

安部― 日本史がダイナミックに変わるときには、いくつかの要素があります。一つは海外貿易です。

佐藤― 農本主義から重商主義へと経済が移行していくにつれて、歴史は大きく動くというのは前著「戦国から鎖国篇」で語り合った大きなテーマの一つでしたね。

安部― そうでしたね。繰り返しにもなりますが、日本史を学ぶうえでたいせつな視点ですので今一度、確認したいと思います。

貿易をするからには当然相手国がいますから、外交をやらなければなりません。貿易をやるようになると国内産業が変わり、産業構造の転換が起こります。今まで力をもっていなかった人たちが台頭してくるのです。その人たちの力をうまく吸い上げて、リーダーシップを発揮できる人が登場するかどうか。ポイントは①貿易による外圧②産業構造の転換③それを担《にな》う人材の登場、この3つです。

平清盛《たいらのきよもり》＊23は日宋《にっそう》貿易によって台頭したリーダーですし、楠木正成《くすのきまさしげ》＊24や赤松円心＊25は日元《にちげん》貿易によって表舞台に出てきました。戦国時代には南蛮貿易があり、幕末には列強貿易があった。「重商主義か農本主義か」という繰り返しが、日本史の中で何度も起こってきました。

なぜ江戸幕府が作られたのでしょう。織田信長《おだのぶなが》・豊臣秀吉《とよとみひでよし》は行き過ぎた重商主義、行き過ぎた中央集権主義を進め、挙げ句の果てに朝鮮出兵という大失敗を犯しました。そこからいかに国を立て直すか。信長・秀吉後に台頭した家康は、重商主義から農本主義へ、中央集権主義から分権主義へと社会を揺り戻していきます。日本社会に士農工商という身分制を設け、商業・流通のエントロピー（不規則性）を下げていきました。貧富の差を少なくして、誰もが食える社会構造を作ったのです。

佐藤―よくわかります。行き過ぎた重商主義によって大きく儲《もう》かる人がいるかもしれませんが、他方で貧富の格差が大きく広がります。徳川家康は、すべてが市場で動く市場原理主義とは逆の方向に舵《かじ》を切りました。

■ 貧乏神と福の神

安部―商業・流通の世界は、能力差によって貧富の差がガン！と出てしまいます。現代社会なんてその極致ですよね。

佐藤―はしっこい（＝動作が素早い）人間がうまく立ち回り、ほかの人に分配されるはずだった富までガバッ！と自分一人でもっていっちゃいますからね。

安部―農本主義の社会では、そういう嫌なことが起こらないのです。

佐藤―お話をうかがいながら、貧乏神の逸話を思い出しました。どんなに働いても貧乏なお百姓さんが、あるとき押し入れを開けてみた。するとそこに貧乏神のじいさんが住み着いている。「ウチにはこんなのが住んでいたのか。そりゃ貧乏なはずだ」と気づいたら、押し入れの貧乏神はシクシク泣いていています。

必死で働いて少しずつオカネを貯《た》めたことによって、その年はようやくお正月のお餅をつけることになりました。すると「おまえのところはそろそろ貧乏から抜け出せそうだ。だから貧乏神の私は、この家から出て行かなければいけない。そのかわり大晦日《おおみそか》の今晩、この家には福の神がやってくる」と言います。

　貧乏神と入れ替わろうと福の神がやってきたら、そいつは態度がえらくでかくて威張り散らしている。先にその家に住んでいた貧乏神を邪険に扱います。その様子を見ていたお百姓さんの夫婦は、「おまえなんか出て行け!」と言って福の神を追い出すのです。

　貧乏神が住み着いているおかげで相変わらず苦労しているんだけど、一生懸命働いて子どもができて、ほんの少しずつなんだけど生活が良くなっていく。こういう昔話です。非常にわかりやすい話だと思いませんか。

安部―「重商主義に走ってガツガツ欲張りすぎるのは危ない。農本主義的な価値観で生きたほうが、本当は人間は幸せなんだよ」ということですよね。

佐藤―そのとおりです。「ちょっとした幸せくらいがいいんだよ」ということですよ。貧乏神と逆の話が、わらしべ長者です。死ぬ気になって願をかけたら「外に出て最初につかんだものを離すな」と言われた。外へ出てズッコケたとき、とっさにつかんだワラにアブがくっついた。そこからミカンだの布だののどんどん交換を進めていって、最後は馬や田畑とも交換できるようになる。あの話はまさに重商主義的です。

わらしべ長者の生き方でガツガツ進むのか。威張り散らしている変な福の神を崇《あが》め奉《たてまつ》るのか。そうではなく、貧乏神と一緒につましい暮らしで人生の幸せを追求するのか。「農本主義か重商主義か」という視点で日本の昔話を読み返してみると、日本史も同じような反復運動を繰り返してきたのだな、ということに気づきます。

■ エゴイズムと膨張主義

安部― 豊臣秀吉の明《みん》国征服構想と朝鮮出兵の失敗によって、日本はとてつもなく疲弊していました。そこからどう回復するかと考えた徳川家康は、必然的に重商主義から農本主義へと向かったのです。開国と明治維新を経て、のちに日本は再び重商主義へと向かい、軍国主義化に突っ走ってしまいました。

　今人類が行き詰まっている原因は、信長・秀吉の失敗と通底すると思うのです。ほとばしる敵意とエゴイズムを自分の力では制御できない。その敵意が、現代においては核兵器を生み出しました。

佐藤― 「相手の言うことなんて信用できない。お互いの額に銃口を突きつけて、引き金に常に指を当てておこう」というのが核抑止理論です。

安部―経済発展できるのならば、環境なんていくら破壊したってかまわない。地球温暖化なんて知ったこっちゃない。原子力発電に伴う負担を将来に押しつけたってかまわない。これまたエゴイズムそのものです。

佐藤―財政がどんどん肥大して、国債を際限なく発行しても罪悪感を抱かない。エネルギー政策にしてもそうです。化石燃料は無限ではありません。どんどん掘り続ける限り、いつか必ず枯渇します。このペースでエネルギーを使い続け、化石燃料に依存する社会を転換しなければ、１０００年後を生きる人類に現代人は責任をもてません。こうした環境倫理学の課題は、まさにエゴイズムと関係します。

　化石燃料が有限であることをわかっていながら、なぜ人類は石油エネルギーから別のエネルギーに思いきって転換できないのでしょう。自動車や発電は再生可能エネルギーに転換できますが、ミサイルや戦闘機、戦車を動かすときに、ガソリンよりも効率的な燃料がまだ見つかっていないからです。

　兵器の問題においても、人間の敵対心とエゴイズムが強く影響してきます。敵対心とエゴイズム、この二つの軸から、ほとんどすべての現象が読み解けるのではないでしょうか。

■ 幕末に浪人が増えた理由

安部―敵対心とエゴイズムをいかに制御するか。江戸幕府のシステムは、この二つの制御を目的として作られた社会制度だと僕は思っているのです。他者との融和的な生き方を肯定できるように、徳川幕府は教育と哲学を重視しました。だから曲がりなりにも初めの100年近くは安定期を保ったのでしょう。

でも人間というものはある程度落ち着くと、人よりも豊かになりたいと欲をかくものです。穏やかだった農村部に商品生産が勃興し、藩は政策としてそれを支援しました。

人口増加も江戸時代の変化に大きく影響しています。江戸時代初期の日本の人口はだいたい1200万人くらいだと言われているのですが、幕末には3000万人まで増えているのです。

佐藤―265年間で2・5倍まで人口が増えたのですね。

安部―そうなると、旧来の体制をあらためていかなければいけません。

佐藤―そこは非常に重要です。1200万人から3000万人まで人口が増えても、江戸の日本は封建制ですから、ポストの数は基本的に変わりません。すると浪人が増えてくるのは当然です。

安部―ええ、そういうことです。

佐藤―単純再生産で１２００万人の人口をずっと維持しているのであれば、浪人は出ません。大学入試だって、入学希望者と合格者の数が一緒であれば浪人はゼロで済みますからね。合格者よりも入学希望者のほうが多いから、大学入試で常に浪人が出るわけです。

安部―幕末に浪人がたくさんウロウロしていたのは、当時の人口動態を考えれば当然でした。体制をきちんと固定して作っていたつもりでも、人口動態の変化といった要因によって体制はたちまち崩れていくのです。

■享保・寛政・天保の改革

安部―第8代将軍・徳川吉宗《よしむね》＊26の時代に、享保の改革（１７１６～45年）が行われます。松平定《まつだいらさだ》信《のぶ》＊27は寛政の改革（１７８７～93年）を実施しました。さらに天保の改革（１８４１～43年）がなされます。30年がかりで享保の改革をやったのに、再び社会に危機が訪れ、財政再建や風水害・飢饉対策にテコ入れをしなければなりませんでした。

享保・寛政・天保の改革が実施された期間は30年、６年、２年とだんだん短くなっています。そして天保の改革から30年も経《た》たないうちに、とうとう明治維新（１８６８年）が起きました。

佐藤さんが先ほどおっしゃった「パクス・トクガワーナ」の体制は、享保の改革以降どんどん変革を遂げ、やがて幕末を迎えます。江戸の終焉《しゅうえん》は、このように長期的な視点で見なければいけません。最初から「江戸幕府なんてとんでもない。飢饉や疫病、災害だらけのろくでもない時代だったではないか」というような乱暴な見方をすると、誤って本質が見えなくなってしまいます。

なにしろ徳川時代の制度は公地公民制です。各大名家は幕府から領地を預かっているだけであって、領地は自分の私有財産ではありません。

佐藤―ええ。１８７３（明治６）年の地租改正[*28]までは、大化の改新（６４５年）後に作られた班田収授法[*29]の枠組みをちょっと変形させているだけですからね。

安部―非常に社会主義に近い体制です。そういう体制が、商品流通の変化や飢饉、天災によって崩れていきました。幕府開設から享保の改革くらいまでの江戸時代の日本は、一つの理想社会として語れるのではないかと僕は思うのです。重商主義と拡張主義で走るだけでは、社会はとてももたない。どうやってエゴイズムを抑えていくのか。どうやって敵意を制御していくのか。人々のエゴイズムと敵愾心《てきがいしん》を制御するため、徳川幕府は仏教思想に依拠しました。

■寺請制度で民衆をコントロールした中央政府

佐藤―江戸幕府はキリスト教の布教を禁止し、寺請制度（檀家《だんか》制度）を作りました。どの家も地域の寺院に檀家として所属し、キリスト教徒ではなく仏教徒として生きる。寺請制度は戸籍制度の走りとしても機能しました。ただし寺請制度によって人々の宗旨変えが生まれないようになり、宗教は官僚化していきます。

戦国時代や安土桃山時代には、自分たちの信仰を守るために、どの宗教もみんな命がけでした。法論（公場対決）で負けると、負けた側は自分の宗派を捨てて、相手の宗派に宗旨変えしなければいけません。かつてはそういった激しい形で法論が機能していました。寺請制度によって檀家を決めて割り振れば、そこから信徒の移動が起きることはありません。江戸の２６５年間で、仏教は内発的な生命力を失ってしまいました。

ひるがえって現代社会を眺めてみると、別の意味で仏教は生命力を失っています。僧籍（浄土宗）をもちながら作家活動をやっている鵜飼秀徳《うかいひでのり》さんが、あちこちの寺院が崩壊している様子を取材して『寺院消滅』（日経ＢＰ）という本を書きました。

安部―人口が地方から都市部へ流動化するにつれて、既存の檀家制度は機能しなくなりつつあるわけですね。若い人はおじいちゃんやおばあちゃんがどこかの寺の檀家だからといって、自分までそこの信徒だとは思っていません。法事なんて面倒くさくてオカネもかかるし、葬儀にわざわざ坊さんを呼ぶ必要なんてない。僧侶の読経《どきょう》も戒名も要らないし、身内だけのシンプルな「直葬《じきそう》」でかまわないという人も増えています。

■全日本仏教会理事長の嘆き

佐藤―お布施《ふせ》の値段がものすごい勢いで下がっている中、財政悪化した寺を廃業するのはとても大変なのだそうです。宗教法人を解散しようとしても、財産があると文部科学省や都道府県から解散が認められません。休眠宗教法人に目をつけて反社会的勢力がそこを買っちゃったり、あるいは寺がラブホテルを経営するようになる。こういう事態は、どう考えても宗教的によろしくありません。

　でも宗教法人を解体しようにも、自分たちがもっている山を測量する経費がない。正確に土地を測量して「ウチの財産はこれだけあります」と申告してから、やっと国が引き取ってくれます。その測量をやるオカネすらない寺が、全国にはたくさんあるのです。

休眠宗教法人の第1号を、最近ようやく国が引き取ってくれることになりました。

〈文化庁や全日本仏教会によると、文化庁が把握する不活動宗教法人は2018年時点で3528ある。税が優遇されることから、過去には反社会的勢力などが法人の代表役員につき脱税や資産隠しに悪用する問題も起きた。

国有化される見通しなのは、島根県大田市にある浄土宗金皇寺《こんこうじ》の本堂や山林約12万平方メートル。浄土宗が清算人を立て、国庫帰属の手続きを財務省松江財務事務所（松江市）と進めている。年内には手続きを終えたいという。文化庁によると、手続きが済めば1951年の宗教法人法施行後初めて〉（2020年11月27日、「朝日新聞」朝刊）

安部―へえ、それは大変だ。これからそういう寺院がもっと増えるかもしれませんね。

佐藤―『週刊新潮』（2021年1月28日号）の対談企画で、全日仏（全日本仏教会）の戸松義晴《よしはる》理事長とお会いしました。ハーバード大学大学院神学校でハーヴィ・コックス教授のもとで神学修士号を取得したあと、浄土宗の住職を務めている興味深い経歴のお坊さんです。ちなみにハーヴィ・コックスさんは池田大作[*30]ＳＧＩ会長と『二十一世紀の平和と宗教を語る』（潮出版社）という対談集を発刊しています。

浄土宗金皇寺の例を挙げて「なんでこういったことが起きるんですか」と戸松さんに訊《き》いたところ、「檀家制度の崩壊を認めないといけない」と言うのです。困窮する寺院の中に、アマゾンで「お坊さん宅配便」を始めたところがあります。

安部― えっ、アマゾンで本を注文するみたいにワンクリックすると、坊さんが法事に来てくれるんですか。それはなんだか嫌だなあ。

佐藤― 全日仏は「お坊さん宅配便」をやめてもらうために、アマゾンとの交渉で大変な思いをしたそうです。全日仏としては迷惑な話ですし、税法上の問題もありますからね。

それにしても、全日仏のトップが檀家制度の限界を認めたことには私も驚きました。しかも浄土宗の責任者の一人である戸松さんが「これからは個人の仏教、一人ひとりの信心、そこを考えないと大変なことになります」と言うのです。

安部― 江戸幕府は、檀家制度を権力の末端組織として作り上げました。江戸幕府が崩壊して明治政府が成立し、現代にかけて時代はどんどん変化していきます。その中で檀家制度に限界が訪れるのは時代の流れなのでしょう。

佐藤― 仏教の観点から見ると、既成宗教が内発的な生命力を失ってしまったことは江戸時代の大きなマイナス点です。でも裏返して見れば、幕末にかけて民衆の力が強くなってきたことの表れでもあります。「ええじゃないか」運動もそうですけれども、幕末期から新宗教が生まれ、民衆宗教の時代に変わり始めました。既成の宗教が民衆の力を吸収することができなければ、どうなるのか。民衆が歴史の主体なのですから、そこから新しい宗教が生まれてくるのは必然なのです。

■民衆宗教化した日蓮宗と浄土真宗

安部　戦国時代は、みんな生きるのに必死でした。だから意外と一人ひとりの自由度が高かったのです。「こんな村で一生暮らすのは嫌だ。オレは武士になる」と言って村を飛び出して秀吉みたいになる人もいれば、「オレは商人になるんだ」と言って村を飛び出して、大富豪、大商人になっていく人もいました。乱れた時代だったからこそ流動性が高く、人々が自由だった側面はあります。

ただ、ああいう時代に生きるのは、ものすごくつらかったはずです。苦しい局面はいっぱいあったでしょう。だから日本にキリスト教が入ってきたとき、あれだけたくさんの信者を獲得できました。一向宗（浄土真宗）だって、ものすごい勢いで信者を獲得しています。

天文法華の乱[*31]（1536年）の法華宗（日蓮宗）の信徒だって、ものすごいエネルギーをもっていました。戦国時代に、法華宗は京都の町衆の間で勢力を増します。法華宗は幕府や大名に楯突《たてつ》いて一揆《いっき》まで起こすわけですが、比叡山延暦寺《ひえいざんえんりゃくじ》が日蓮宗の寺を襲撃し、法華一揆は収束しました。

商業活動とリンクする宗教運動

安部― 興味深いことに、法華宗の信徒はけっこう深く商業活動に携わっているのです。

佐藤― なるほど。

安部― 京都に行くとよくわかりますけど、京都は今でも法華宗の信徒がものすごく多いのです。京都の町衆、今で言うところの中小企業や商店、職人たちの間でものすごくたくさんの信者を獲得しました。一方で、一向宗は流通業に関わっている信徒が多いのです。

　彼らはちょっと差別的に見られていました。農民ではなくて商人なので、定住農民を常民とする制度の中で「非農業民」として差別を受けていたのです。そういう人たちが法華宗や一向宗に救いを求めていきました。宗教的連帯によって仲間ができて、仕事がしやすくなりますしね。

佐藤―わかります。フリーメーソンみたいな感じですよね。フリーメーソンはメーソン（石工）たちによる中世のギルド（組合）がルーツと言われていまして、18世紀にアメリカやヨーロッパで大きく広まりました。国境を超越したロータリークラブ、互助組合のような組織として機能しており、今も日本に支部があります。

安部―イスラム教も商業活動に熱心でした。キリスト教もイスラム教も仏教も、あのころはみんな商業活動に力を入れていたのです。

佐藤―ビジネスをやれば人・モノ・カネが動く。それに伴って自然と宗教も国境を超えて広まったのですよね。

安部―信長がなぜあれだけ執拗《しつよう》に一向宗を叩《たた》いたのか。実を言うと、流通業において彼らが信長の敵になっていたからです。敵方にどんどん鉄砲や火薬、硝石《しょうせき》を回しているから、一向宗をつぶさない限り自分の独占は成り立たない。時代が管理社会になればなるほど、宗教的なエントロピーは落ちていくのかもしれません。

■ビジネス活動と矛盾しない宗教運動

佐藤―一向宗にしても法華宗にしても、念仏（南無阿弥陀仏）があり題目（南無妙法蓮華経）があります。法華宗の場合は題目を唱えるだけでなく、法華経というテキストを非常に重視していくわけです。法華宗の信徒になれば、どうしたって文字をきちんと読むようになります。法華経を知りたい。法華経を理解できるようになりたい。その宗教的情熱は、人々の識字率を引き上げました。

　法華経の中には数字もたくさん出てきます。だからおのずと数も覚えるようになる。つまり法華経を習得することと、商業活動をやる中で計算することはすごく合うのです。また講（信者団体）を作っていくやり方も、同業者組合的なものと非常に相性がいい。彼岸《ひがん》性ではなく此岸《しがん》性を重視する法華宗のドクトリン（教義）は、近代化を強くしていこうという経済社会の志向性ともフィットします。

　一向宗の場合、あの世に力を置いて彼岸性を重視するので、この世はどうでもいい。「この世のことは現存の秩序にお任せします」という感じで丸投げしてしまいます。戦前に蓑田《みのだ》胸喜《むねき》[*32]と一緒に活躍した三井甲之《こうし》[*33]なんて、皇国思想と一体化していきました。

　また法華宗では、創価学会の牧口常三郎《つねさぶろう》[*34]初代会長のように平和主義の方向に向かう人もいれば、田中智学《ちがく》[*35]のように八紘一宇《はっこういちう》[*36]にひた走っちゃう人もいます。宗教って本当におもしろいですよね。

安部―浄土真宗は「天皇は阿弥陀仏なのだ」という説と同化していって、戦前はものすごく右に振れました。

■キリスト教ネストリウス派と浄土真宗の意外な共通点

安部―我が家は浄土真宗の檀家です。身内に不幸があったもので、久々に浄土真宗のお葬式に出ました。葬儀に出席しながら「浄土宗や浄土真宗は、景教《けいきょう》（キリスト教ネストリウス派）の影響を受けているなあ」としみじみ思ったのです。６３５年に景教が中国に伝わると、ものすごくはやりました。陝西《せんせい》省の西安市には、７８１年に建てられた「大秦《だいしん》景教流行中国碑」が今も残っています。

佐藤―有名な碑ですね。

安部―景教のような流行思想に影響を受け、日本で浄土宗や浄土真宗が盛んになったのではないか。この間お葬式に出たとき「キリスト教との類似性がすごく強いなあ」とあらためて感じました。なにしろ浄土真宗には「懺悔《さんげ》」があるのです。

佐藤―キリスト教の「告解」とか「懺悔」という言葉は、浄土真宗で使っていた用語をもらってきたわけですからね。明治期に入ってきたキリスト教のほとんどの言葉は、仏教から借用しています。

安部―言葉を共有できるくらい、両者はよく似ているのです。阿弥陀仏の力によって救われていくという思考の形も、キリスト教と親和性が高かったのでしょう。

佐藤―キリスト教徒の佐古純一郎という文芸批評家なんて「親鸞《しんらん》はキリストを知っていたはずだ。方向性があまりにも似ている」とまで強く言っています。

安部―親鸞の時代に、キリスト教の思想がどこかから入ってきた可能性は否定できません。阿弥陀仏なりイエス・キリストを媒介項にして、あの世にアクセスする。そこはキリスト教と浄土信仰の興味深い共通点です。

第3章　江戸無血開城の奇跡

徳川慶喜は「天皇には絶対に逆らえない」
という大原則をもっていた。
さらに勝海舟をはじめ江戸の武士たちは、
高い素養を身につけていた。
だからこそ、「江戸無血開城」という
奇跡が実現したのではないか。

■上野公園内に残る「彰義隊の乱」の痕跡

佐藤―上野の山の東照宮（上野公園の敷地《しきち》内にある神社）は、私にとって思い出深い場所なのです。1925年に東京の下町で生まれた父は、彰義隊の乱[*1]（1868年）を実際に知っている人から話を聞いたことがありました。

安部―鳥羽《とば》・伏見《ふしみ》の戦いで徳川慶喜《よしのぶ》将軍が敗れたあと、佐幕派（徳川幕府の擁護派）が決起した事件ですね。上野で蟄居《ちっきょ》していた徳川慶喜将軍の体制を再び立て直すため、佐幕派が武装集団を結成しました。

佐藤―私が子どものとき、父は上野公園でこう言いました。「マサル君が生まれる前のことだけど、ここで大きな戦闘があったんだよ。それからまだ100年も経《た》っていないんだ」。私は1960年生まれですから、たしかに彰義隊の乱からまだ100年も経っていません。「これは鉄砲を撃ったあとなんだ」と言って父が柱を見せてくれると、そこに銃弾の鉛が埋まっているのです。「ここで彰義隊が鉄砲を撃って戦ったんだ。それで東京中が大戦乱になるはずだったんだけど、勝海舟《かつかいしゅう》[*2]という人が戦争にストップをかけてくれたんだよ」という話を、上野公園を訪れるたびに父から何回も聞きました。

当時はディズニーランドもありませんし（１９８３年開園）、東京で我々子どもたちが遊びに行くところといえば上野動物園だったのです。羽田空港と浜松町を結ぶ東京モノレールは、東京オリンピック直前の１９６４年９月に開業しました。浜松町にまだモノレールがなかった時代に、上野動物園の中ではモノレールが試験的に走っていたのです。

それから、今だったら「動物虐待だ！」と言われかねませんが、上野動物園には「おサルの電車」もありました。サルがボタンを押すと、小さな電車が発車オーライでバーッ！と動くのです。64年10月には、上野公園の中に水族館ができて海の魚も見られるようになりました。

安部―首都圏の子どもたちにとって、上野動物園は夢の遊び場だったのですね。

佐藤―そうでした。その上野動物園と上野の山の東照宮は、大人が子どもを連れて行くときに一つのパッケージになっていました。遊びに行くついでに、１世紀前に起きた彰義隊の乱という内戦についても話を聞く。１都３県に住んでいた私の世代の子どもたちにとっては、戊辰《ぼしん》戦争や彰義隊の乱、江戸無血開城は皮膚感覚で身近なのです。「あのとき父が語っていたな」「母が語っていたな」という記憶は、少年時代、少女時代に色濃く刻み込まれています。

■孝明天皇はヒ素で毒殺された!?

佐藤―戊辰戦争を通じて、薩摩藩と長州藩を中心とする新政府軍（東征軍）は、奥羽越《おううえつ》列藩同盟を中心とする旧幕府軍と内戦を繰り広げました。

安部―奥羽越列藩同盟とは、陸奥国《むつのくに》（現在の福島県、宮城県、岩手県、青森県）、出羽《でわ》国（現在の山形県、秋田県）、越後《えちご》国（現在の新潟県本州部分）の31藩が結成した同盟です。

佐藤―戊辰戦争を主導した西郷隆盛《さいごうたかもり》は、1868（慶応4＝明治元）年3月13日から14日にかけて、幕府側の代表である勝海舟と二度にわたる直接会談をしています。これによって、辛くも3月15日に計画されていた江戸城総攻撃は中止されました。

　当時の江戸の人口は、推定で150万人とも言われます。もし江戸が総攻撃されて市街戦にまで発展すれば、計り知れない民衆の命が奪われ、平和だった街は悲惨な戦火に包まれていました。西郷と勝が成し遂げた江戸無血開城は、画期的な歴史です。

安部―東京にとっては、西郷と勝はまさに大恩人です。無血開城の意義に踏みこむ前に、その前段階に起きた重要な出来事を振り返っておきましょう。江戸無血開城の2年前（慶応2年＝1866年）に起きた、孝明天皇[*3]の謎の死です。

徳川慶喜が将軍に就任した直後の１８６６年12月25日、孝明天皇は急死しました。毒殺説が今でも根強く語られています。

佐藤―　孝明天皇毒殺説や明治天皇替え玉説は、陰謀論が好きな一部の人たちの間で今でも議論されています。

安部―　明治天皇替え玉説はともかく、孝明天皇毒殺説はあながち陰謀論と片づけるわけにもいきません。と言いますのも、伊良子《いらこ》光順《みつおさ》（孝明天皇や明治天皇の主治医）の曽孫（伊良子光《みつ》孝《たか》）が、あれは毒殺だったという一文を綴《つづ》っているのです。伊良子光孝自身、医師でもあります。

孝明天皇は疱瘡《ほうそう》（いもがさ＝天然痘）にかかり、主治医が治療に当たっていました。主治医である伊良子光順が残した日記を分析する限り、ヒ素が盛られたとしか思えないというのです。

〈天皇が疱瘡に伝染されて御所内外が混乱し、御主治医の彼は一人〝昼夜詰切《つめきり》〟となって御枕頭《ちんとう》に侍した〉

〈孝明天皇の御死因は光順日記で見る限り、明らかに急性毒物中毒の症状であり、刺殺説

或《ある》いはお湯殿で頓死《とんし》説等等は全く取るに足らない巷説《こうせつ》で作家の領域である〉
〈光順日記のカルテと御手当方法及び天皇の尋常一様でないお苦しみの中での御臨終から判断して、果して天皇は御毒殺であったかどうかを決めるのは史家ではなく医師ではなかろうか〉（『図説 日本の歴史』集英社／第13巻の月報に収録された伊良子光孝「孝明天皇の御死因と御主治医伊良子光順日記」より）〈ルビは編集部による〉

佐藤―興味深い証言です。

安部―補足情報ですが、『図説 日本の歴史』（全18巻）は集英社版『日本の歴史』（全22巻）の姉妹版です。いずれも読みやすく、日本史を学ぶにはとても参考になります。

佐藤―『岩波講座 日本歴史』（全23巻）の内容はいいのですが、あれは論文集になっちゃっていて通史的な書き方ではありません。通史だと講談社の『日本の歴史』（全26巻）と集英社の『日本の歴史』があります。集英社版の『日本の歴史』のほうが読みやすいですね。

安部―僕も同じ意見です。

佐藤―アマゾンだと中古品が１冊１００円くらいで出ていますから、興味がある読者は買って手元に置いておくといいと思いますよ。発売当時とてもよく売れたから、今こういう手頃な値段で古書が買えるのですよね。

■軍艦を使った600キロ先へのインテリジェンス戦争

安部― おもしろいことに、孝明天皇死去からたった3日後には、忍《おし》藩がある埼玉県行田市までその情報が届いているのです。

佐藤― それは当時としてはかなり早いですね。

安部― おそらく軍艦を使って、いち早く情報を伝達したのでしょう。

佐藤― 東海道を早馬で駆けさせるよりも、船のほうがずっと速いですからね。

安部― 早馬を使っても、京都御所から埼玉県行田市まで3日で駆けるのは難しいです。京都から江戸まで600キロ近くありますからね。軍艦であれば1泊2日あれば十分です。

　会津藩は京都守護職を務めていまして、京都御所に行くとそのことを示す碑《ひ》が建っています。会津藩は、京都御所の中に藩邸を置くことができた全国唯一の藩なのです。孝明天皇が会津藩の松平容保《まつだいらかたもり》＊4をものすごく信任していて、「おまえはここに住んでくれ」と京都御所の中に屋敷《やしき》を与えました。

佐藤― ということは、孝明天皇に異変があれば会津藩がいち早く、その情報をつかめます。

安部─毒殺事件について、直《じか》に情報をつかんだのでしょう。おそらくその情報が幕府の軍艦によって江戸に知らされ、孝明天皇の死去から３日後に忍藩まで届いているのです。「孝明天皇が毒殺された」という情報が関東中に素早く行き渡ったことが「長州の野郎ども、とんでもねえことをしやがったな」と猛反発を呼び、戊辰戦争泥沼化の原因となったのではないでしょうか。

■明治維新の真実を如実に知れ

安部─孝明天皇毒殺の翌年に大政奉還（１８６７年10月14〜15日）がなされ、王政復古の大号令（１８６７年12月９日）が出されました。王政復古の大号令によって「徳川慶喜の官位と領土を返上せよ」と命じられたわけですから、一連の動きは完全に討幕派によるクーデターです。

　なぜ鳥羽・伏見の戦い（１８６８年１月３日）が起こったのでしょう。「その処置はおかしいじゃないか」と抗議する勢力が、大坂から京都に軍勢を派遣して抵抗しようとしました。すると薩長《さっちょう》側は話し合いによる解決に持ち込ませず、鳥羽・伏見の戦いという血みどろの戦争にしてしまうのです。そして１８６８年３月13〜14日、西郷隆盛と勝海舟による会談がなされ、江戸無血開城の合意となるのです。

一連の流れの中で、旧幕府軍側にいた会津藩は、新政府軍によって徹底的に叩《たた》かれています。なぜ会津藩があれだけ徹底的にとっちめられ、許されなかったのでしょう。

佐藤―孝明天皇の御所のすぐ近くに会津藩が拠点を構え、天皇に近すぎたからでしょう。

安部―ええ。会津藩を徹底的に叩いて黙りこませなければ、新政府軍の拠《よ》って立つ根拠、論理的、倫理的な大義名分がなくなってしまうのです。孝明天皇は公武合体派[*5]でしたから、幕府を倒すことには賛成していませんでした。

佐藤―公武合体派とは、朝廷と幕府が一緒に体制を立て直そうという立場です。

安部―だから孝明天皇は長州嫌いでした。現に１８６４年、長州藩の武装集団が京都御所蛤《はまぐり》御門《ごもん》の前で幕府の兵と衝突（禁門の変）[*6]したあと、孝明天皇は長州藩を京都から追い出しています。

佐藤―討幕派にしてみれば、孝明天皇は目の上のタンコブ、邪魔な存在だったのですよね。

安部―孝明天皇がいる限り、自分たちの主張は通らない。長州藩の人間たちには、忸怩《じくじ》たる思いがあったことでしょう。

このあたりは、明治維新について語る歴史学者もなかなかはっきりとは言いにくい部分です。皆さん避けて通ります。明治維新の真実を正確につかむためには、先ほど紹介した「伊良子光順日記」のような一次史料を客観的に読み解くことが大事ではないでしょうか。「如《にょ》実《じっ》知《ち》見《けん》」（＝現実をありのままに見抜くこと）がたいせつだと思うのです。

　憲政史上、長州（山口県）は伊藤博文《ひろぶみ》、山縣有朋《やまがたありとも》*7、桂太郎《かつらたろう》*8、寺内正毅《てらうちまさたけ》*9、田中義《ぎ》一《いち》*10、岸信介《きしのぶすけ》、佐藤栄作《えいさく》、菅直人《かんなおと》、安倍晋三《しんぞう》と多くの首相を輩出してきました。長州の手の者が天皇を毒殺していた可能性が広くアナウンスされていれば、長州出身の首相がこんなにたくさん出ることはなかったかもしれません。

▩ マルクスの死期を早めた「薬としてのヒ素」

佐藤　幕末の時期に、ヒ素のような毒物はどういう扱いだったのでしょう。ひょっとすると、それが猛毒だという認識がないまま、結果的に毒を盛ることになってしまった可能性もあります。と言いますのも、ヒ素がマルクスの死期を早めたという見方があるのです。

　ジョナサン・スパーバー（アメリカの歴史家）が書いた『マルクス』（上下巻、訳＝小原淳、白水社）は、カール・マルクス伝の中で最も定評があります。この本の中に次の記述があるのです。

〈症状の一つに、呼吸に伴う痛みがあった。慢性的な咳《せき》がますます激しく苦痛に満ちたものになっていき、嘔吐《おうと》と吐血に繋《つな》がり、声は枯れ、会話が困難になった。さらに死が近づくにつれて食欲が減退し、食べ物を飲み込むのに難儀するようになった。こうした症状はいずれも結核に由来していたと思われる〉
〈医者の処置はただ病状を悪化させただけであった。お決まりのヒ素と炎症性の化学薬品の服用で皮膚に水疱《すいほう》ができ、肌の潤いが奪われ、結局のところ、無用な苦痛を与えたにすぎなかった。硫黄分の混じった鉱泉水を浴びるのは少なくとも気分は良かった〉（ジョナサン・スパーバー著『マルクス』下巻、308ページ）〈ルビは編集部による〉

当時のイギリスでは、ヒ素は出来物への万能薬だと言われていました。水銀だって、近代に至るまでは薬の一部として処方されていたわけです。今だったらヒ素や水銀を体の中に入れるなんてとんでもない話ですが、かつてはそんなデタラメな医療がまかり通っていました。

安部―水疱ができたところにヒ素なんて塗ったら、なおさら悪くなるに決まっています。江戸時代の段階ですでに、石見銀山《いわみぎんざん》＊11で採れるヒ素（硫砒《りゅうひ》鉄鉱）はネズミ捕りの毒薬として使われていたようです。おそらく銀山の近くでネズミが泡を吹いて倒れているのを見て「これは毒なのか」と気づいたのでしょう。

佐藤―もしヒ素を使ったのだとすると、孝明天皇を毒殺することは十分可能だったでしょうね。マルクスの話と引っくるめて想像すると、ずいぶんとイメージが膨らみます。

安部―いずれにせよ、幕府側に「どうやら天皇が毒殺されたようだ」という情報はいち早く知れ渡っていました。「討幕派はそういう謀略を平気でやる連中だ」ということがわかっていたから、幕臣たちは「あいつらの政権を認めてたまるか」となおさら強硬になったのです。

■軍事力とソフトパワーを組み合わせた幕末のハイブリッド戦争

安部―江戸期には鎖国政策が採られていたわけですが、完全に国が閉ざされていたわけではありません。薩摩藩が琉球《りゅうきゅう》を通じて清国と密貿易をやっていたのは周知の事実ですし、長州藩も対馬《つしま》を通じて朝鮮と密貿易をやっていました。明治政府は密貿易者が作ったとも言えるのです。

佐藤―第1章でも触れたとおり、対馬口から朝鮮半島は開いているし、琉球から中国は開いているし、松前《まつまえ》口からオホーツクが開いていました。コントロール下の貿易ではありましたが、長崎の出島もあります。長崎の出島以外のところでは、怪しげな貿易ルートはいくらでもありました。

安部―幕府にはそれを押さえる管理能力がなかったのです。薩摩藩については、幕府から密偵が派遣されて「お前たち、密貿易をやっているんじゃないのか」と追及した記録があります。すると「いいえ、ウチはそんなことはやっていませんぜ」と白を切られて、幕府はそれ以上手を出せないのです。

佐藤―陰では密貿易をやって金儲《かねもう》けしているくせに、世論を煽《あお》って「攘夷《じょうい》だ」と叫ぶ。長州や薩摩には非常にはっきりとしたダブルスタンダードがありました。

安部―幕府が列強諸国と条約を結んで貿易を始めると、生糸や茶といった半製品や原料の無制限な輸出が行われたことにより、国内のモノが不足して物価が高騰しました。おまけにコレラまで流行したのです。

佐藤―すると「悪いのはあいつら外国人だ！」となります。

安部―民衆の間で、いっせいに攘夷感情が爆発しました。長州や薩摩としては、世論を味方につけて自分たちの側に取りこまなければいけなかったのです。

佐藤―安部さん、それは現代的に見るとハイブリッド戦争というやつですよ。軍事力だけではなくて、ソフトパワー、情報の戦争によって勝負を決するのです。今で言うとサイバー（高速通信）戦争と情報戦によって優位に立つわけですが、当時はサイバーに相当する軍艦を活用しました。重要なインテリジェンスを、忍藩がある埼玉県行田市までいち早く伝える。世論の沸騰も経済の揺れも、同時にコントロールしていく。全部合わせたハイブリッド戦争が薩長はうまかったということですよね。

安部―ええ。ものすごく賢いのです。東日本の人たちは攘夷論で前へ前へ進んでいましたが、西日本の人たちはアジアに近いから、外国とのつきあいに慣れていました。東の江戸幕府には「いざ鎌倉」という血気盛んな武士がわんさかいます。外国の知識や貿易のノウハウを吸収することは、江戸幕府の鎖国政策によって制限されていました。だから江戸の人間には、諸外国と貿易交渉をすることへの想像力がまるで足りなかったのです。

　そうした方面についての知識のレベルで言うと、東日本と西日本では中学生と大学生くらい違いました。長崎に留学して蘭学《らんがく》を学んだ東日本の人が国に帰って「今の世の中はこうなっているんですよ」と説明しても、江戸幕府の中心にいる人たちは「なるほど、そうなのか」とはならない。話についていけないわけです。その点、薩摩や長州のリーダーたちは一歩も二歩も先を進んでいました。

■「宵越しのカネはもたねえ」で暮らせた江戸の平和社会

佐藤―江戸幕府の人たちが開国に後ろ向きだったのは、「開国する必要がなかった」という裏返しでもあります。１５０万人とも言われるほど人口が多く、しかも江戸の社会はとても豊かでした。銭湯でゆっくりお風呂に浸《つ》かれますし、鉄火場（博打《ばくち》場）もあれば浮世絵もある。おもしろいものを売っている床屋さん（屋台、的屋）も活況を呈していました。

安部―古典落語に生き生きと描かれているように、熊さんや八っつぁんや与太郎がナンセンスなことを言って、みんなでゲラゲラ笑っている。それでも生活は毎日楽しく回っているのです。「宵越《よいご》しのカネはもたねえ」と言いますけど、あれは江戸っ子の空元気ではありません。真面目にコツコツ貯金なんてしなくても、日々の労働によって日当を得ながら普通に暮らしていけたのです。

佐藤―「宵越しのカネなんてあくせく貯金しなくても、死にゃあしねえ」「カネは天下の回りものだ」「稼ぐに追いつく貧乏なしだ」というシステムが回っていました。江戸っ子は経済合理主義なんて追求する必要はなかったし、欲をかいて外国との貿易を始める必要もなかったのです。

安部―しかも江戸は循環型社会なんですよね。公害も少ないし、街はきれいに整備されている。貧しいながら、誰もが暮らしていける社会でした。「江戸の大火」と言われる大火事が起きるたびに火消し（消防団）が組織化されて、消火のための治水工事もどんどん進んでいきます。

飢饉《ききん》や災害によって街に貧民が流入し、社会がいったん壊れかけることもありました。江戸はその度に復興し、１００万人とも１５０万人とも言われる人々が暮らしていける循環型システムの基本が、ちゃんとできあがっていったのです。

■ 勝海舟と『氷川清話』

安部―江戸と薩摩・長州の間で大きな温度差がある中、江戸で戦乱の血が流れることはなく、江戸無血開城は奇跡的に成功しました。勝海舟は後年、和平のトップ会談に応じた西郷隆盛のことをすごく褒めて評価しています。

〈西郷なんぞは、どの位《くらい》ふとつ腹《ばら》の人だつたかわからないよ。手紙一本で、芝、田町の薩摩屋敷まで、のそ〱談判にやつてくるとは、なか〱今の人では出来ない事だ。

あの時の談判は、実に骨だつたヨ。官軍に西郷が居なければ、談《はなし》はとても纏《まと》まらなかつただらうヨ〉

〈さて、いよ〳〵談判になると、西郷は、おれのいふ事を一々信用してくれ、その間一点の疑念も挟まなかつた。「いろ〳〵むつかしい議論もありませうが、私が一身にかけて御引受けします」西郷のこの一言で、江戸百万の生霊も、その生命と財産とを保つことが出来、また徳川氏もその滅亡を免れたのだ。もしこれが他人であつたら、いや貴様のいふ事は、自家撞着《じかどうちゃく》だとか、言行不一致だとか、沢山の兇徒があの通り処々に屯集《とんしゅう》して居るのに、恭順の実《じつ》はどこにあるかとか、いろ〳〵喧《やかま》しく責め立てるに違ひない。万一さうなると、談判は忽《たちま》ち破裂だ。しかし西郷はそんな野暮《やぼ》はいはない。その大局を達観して、しかも果断に富んで居たには、おれも感心した〉（勝海舟著『氷川清話』講談社学術文庫）

なぜ勝海舟は無血開城をしようと思ったのか。徳川慶喜が「天皇には絶対に逆らえない」という大原則をもっているからです。

佐藤―あくまでも徳川将軍は「征夷大将軍《せいいたいしょうぐん》」なんですよね。夷狄《いてき》（外国勢力）をやっつけるために天皇から任命された官職ですから、その徳川が天皇に弓を引くなんてとんでもない。

絶妙なバランスによって、江戸無血開城は実現しました。

安部―徳川慶喜は水戸《みと》の出身です。水戸藩主・徳川斉昭《なりあき》[＊12]の息子ですから、彼はまさに水戸学派の申し子みたいな人なんですよね。「天皇には絶対逆らえない」というのは、徳川慶喜にとって譲れないポリシーでした。

もしあのとき幕府軍が本気で戦っていれば、絶対負けなかったのはほぼ確実です。だけども徳川慶喜が「絶対戦っちゃいかん」と厳命しているわけだから、幕府としては次善の策を探るほかない。すると明治天皇御親政の形に、なんとか江戸幕府を合わせていくしか方策はありませんでした。

■政敵をつぶさなかった明治政府の智慧

佐藤―明治維新政府が非常にうまかったのは、維新が成功したあとに「前政権のやつらは全員幽閉だ。ハリツケだ。打首獄門だ」と追放せず、華族という形で取りこんでいったことです。徳川家は天下の大将軍ではなくなりましたが、大名家がつぶされることはなく、徳川家も今日に至るまで存続しています。

華族制度を作って大名たちを優遇しながら、彼らに払っていた俸禄《ほうろく》をストップするまでにじっくり時間をかけました。これはうまい改革です。結果として、徳川家が大負けした形にはなっていない。非常に歩留まり感がいい形での負けさせ方でしたし、「明治維新政府が勝ちすぎない」という意味では勝ち方も絶妙でした。

安部―なぜそういう歩留まりになったかというと、明治維新をやった側に「自分たちが必ずしも正しいわけではないのだ」という認識があったからです。「明治維新が成功したからといって、調子に乗って相手を徹底的に叩いたらえらいことになるぞ」という危機意識があったのでしょう。

佐藤―安部さん、ここはキリスト教の歴史に似ているかもしれません。キリスト教の歴史における正統派は、教義的にはだいたい整合性が低いのです。最後は必ず暴力的な介入が入りますから、正統派はどこかに後ろめたさをもっています。反対に、いわゆる異端派の側のほうが、論理的にはすごく筋が通っているのです。そのかわり、異端派は必ず力によって負けます。

　簡単に言うと、キリスト教の真理体系は楕円《だえん》なんですね。楕円になっている真理体系の焦点を1カ所だけに絞り、無理やり円にしてしまう。これが異端の特徴です。

　キリスト教の正統派は「イエスは常に貧しい者たちとともにいるではないか」というとこ

ろを敷衍《ふえん》して「人民の生活を困窮させる国家には反逆しろ」とまでは論を展開しません。聖書には〈人《ひと》は皆《みな》、上《うえ》に立《た》つ権威《けんい》に従《したが》うべきです。神《かみ》に由来《ゆらい》しない権威《けんい》はなく、今《いま》ある権威《けんい》はすべて神《かみ》によって立《た》てられたものだからです〉（新共同訳『新約聖書』「ローマの信徒への手紙」）という言葉もあります。要するに「国家の秩序をたいせつにしながら、現実と理想の間でうまくバランスを取れ」というのが正統派の教えなのです。

　ところが異端派は、中間のところでバランスを取ることなく、どちらかの極に振れてしまいます。社会間格差や貧困、政治の腐敗といった現実を変えていくためには、異端のやり方が間違っているとは必ずしも言えません。ただし教祖の教えの片一方しか重視しないから、バランスが欠けているのです。

安部―今のお話は、明治維新当時の動きをそのまま説明しているようですね。

佐藤―負けるほうの理屈も秩序も、すごく通っているのです。しかし負けた。幕府の側には「新政府軍には負けたけど、我々のほうが筋が通っていたよな」と納得できる。勝った新政府軍の側には後ろめたさがある。そこのバランス感覚に目を凝らさなければいけないと思うのです。

　正統派の側は「我々は戦いに勝って異端を根絶した」と思っているのかもしれませんが、

実は異端は根絶していません。正統派の中にも、今はじっとおとなしくしながら異端派的な考えをもっている人は必ずいます。何十年か経つと、その人たちの不満が表に噴き出してくることがあるのです。

■江戸の日本人に刷りこまれていた「戦争は悲惨だ」という記憶

佐藤—ちょっと飛躍した言い方をしますね。江戸無血開城が成功したのは、もしかすると我々の中の遺伝子に、応仁《おうにん》の乱から戦国時代にかけての記憶が叩きこまれているおかげかもしれません。「これをやったらまずいぞ」という記憶が無意識の中に積もり積もっているおかげで、ギリギリのところで戦乱を回避できたのかもしれません。

　なにしろ日本が血みどろの戦乱の世だったのは、わずか３００年ちょっと前の話です。当時の1世代を30年としても、10世代であれば十分伝承の中で伝わっていくでしょう。しかも江戸の日本人は世界でも稀《まれ》に見るほど識字率が高かったですから、さまざまな戦記モノの物語を読む中で「戦争は悲惨だ」という感覚が染《し》みついていたと思うのです。

安部—黄表紙本（黄色い表紙の通俗本）が江戸の大衆レベルにまで浸透していたほどですから、バカバカしいお笑いの娯楽から真面目な本に至るまで、あらゆる種類の本が行き渡っていたはずです。今の人と同じくみんなおしゃべりが好きだったから、床屋政談も井戸端会議も盛んだったことでしょう。そういう社会ですから、為政者の中にも民衆の中にも「平和な世の中がいちばんだよな」という当たり前の感覚が共有されていたのだと思います。

佐藤―ヨーロッパは30年戦争（１６１８～48年）を通じて、皆殺しを徹底的に行いました。プロテスタントもカトリックもあまりに人数が多すぎて、お互いにとても殺しきれない。30年戦争でさんざん懲りたあと、ヨーロッパでようやく信教の自由が認められる寛容令が出されていきます。

現在のＥＵ（ヨーロッパ連合）ができたのは、二度の世界大戦の血なまぐさい記憶があったからでした。「あれほど陰惨な戦争は二度と繰り返してはいけない」という切実な思いから、戦争を未然に防ぐための社会秩序を為政者が作っていったのです。幕末から明治初めにかけての日本は、今日で言うＥＵのような枠組みを先取りしていたところがあります。江戸無血開城は、「民衆を塗炭の苦しみに追いこむ戦争を阻止しなければならない」という叡智《えいち》の結晶でした。

■山岡鉄舟と輪王寺宮

安部―勝海舟と西郷隆盛の会談によって、江戸無血開城が成功したという話題が先ほど出ました。勝と西郷のトップ会談の前に、徳川慶喜は駿府（現・静岡市）にいる西郷のもとに山岡鉄舟《てっしゅう》＊13を送ります。と同時に、上野寛永寺の輪王寺宮＊14（北白川宮能久《よしひさ》親王）を使者として、親戚である有栖川宮《ありすがわのみや》＊15のところへ送りました。当時、輪王寺宮は上野寛永寺の門跡《もんぜき》として入っていたのです。山岡鉄舟はどうやら、輪王寺宮とほぼ同じタイミングで西郷のもとを訪ねたようです。

　輪王寺宮と山岡鉄舟の派遣によって、徳川慶喜の助命は決まります。山岡鉄舟が西郷隆盛に会っていろいろと条件を交換し、新政府側の要求を聞いて帰りました。その話を勝海舟に伝えて、勝が１８６８年３月13日の西郷との対談に備えるのです。

　西郷は山岡鉄舟に対して「徳川慶喜は岡山藩に預ける」と提案しました。ところが勝海舟との会談では「徳川慶喜は水戸藩に預けよう」ということで話がまとまります。

佐藤―つまり西国に左遷するのではなく、将軍は実家の水戸に戻すというわけですね。

安部―このように、水面下で条件の提示のし合いがなされました。勝海舟は徳川慶喜から

「恭順せよ」と命じられているので、表立って戦うわけにはいきません。江戸城は明け渡さざるをえない、というところから出発しています。だからといって諸手《もろて》を挙げてホールドアップ（降参）したら、幕臣たちの立場、徳川家の立場を守れません。だから勝海舟は武力恭順策を採りました。

勝海舟が西郷との会談後に何をやったかというと、まず新撰組《しんせんぐみ》の主戦派を全部江戸から追い出します。「おまえは甲州に行け」「おまえは××に行け」と命令して、言うことを聞かなそうな武断派（武力を背景とした政治を行う強権派）を全部江戸から地方へ放逐してしまいました。

佐藤―新撰組は、やらなくていいと言っているのに、良かれと思って余計なことをやりすぎちゃう。やりすぎるところに、新撰組のおもしろさと味わいがあるとも言えますが。勢いだけはありますが、彼らは大局的な判断があまり得意ではないのです。

■ 薩摩藩邸焼き討ち事件

佐藤―江戸幕府が偉いのは、鉄砲玉みたいな新撰組とは違って総合的な視点をもっていることです。厄介な連中を、所払いみたいな形で中央（江戸）から追い出しながら、うまく場所を与える。無慈悲に中央から放擲《ほうてき》するようでは、恨みを買って報復されてしまいますからね。

安部― 長州と薩摩が、悪い形で幕府を刺激するのです。薩摩藩邸焼き討ち事件（１８６７年）は長州・薩摩の策謀のせいで起きました。薩摩藩は「薩摩御用盗」という部隊を結成して、益満休之助《ますみつきゅうのすけ》や相楽総三《さがらそうぞう》*16に強盗や辻斬《つじぎ》りをやらせます。三田の藩邸（現在の東京都港区芝）に隠れて押しこみ強盗までやるものだから、幕府は怒り狂って三田の薩摩藩邸を焼き討ちしました。

策士である勝海舟は、その益満休之助を生かしておいて、山岡鉄舟の案内役として活用します。かたや相楽総三はどうなったかというと、相楽が戊辰戦争で組織した赤報隊が「偽《にせ》官軍だ」と難癖をつけられて殺されました。要するに口封じです。

益満休之助は、上野戦争（彰義隊の乱）のときに上野のお山で戦っている最中に負傷して死にました。おそらく口封じのために身方に撃たれたのだと思います。

佐藤― 跳ねっ返りのテロリストみたいな連中に、いつまでもウロウロされてはかなわないので、頃合いを見て存在を消してしまう。このへんのやり方は、冷徹にして功利主義的です。

■北関東と江戸湾に鎮座していた陸軍と海軍の精鋭部隊

安部― 江戸無血開城の裏では、さまざまな工作活動が繰り広げられていました。勝海舟が打った策がおもしろいのです。フランス陸軍の訓練を受けた大鳥圭介《おおとりけいすけ》[*17]の精鋭部隊が2000〜2500人いると言われていまして、勝はこの部隊を関東から脱走させました。

佐藤― もし戦争になったら、その精鋭部隊を呼び戻して戦わせるわけですね。

安部― 薩長に対しては「江戸開城をやろうとしていたら、開城に反対する連中が脱走しちゃった。逃げちゃったものはどうしようもないじゃないですか」と言い訳するのです。本当は脱走を命じたのは自分なのに、方便を使って本当のことは明かさない。

さらに海軍は、榎本武揚《えのもとたけあき》の艦隊を品川沖に置いていました。薩長から「艦隊を引き渡せ」と言われても、「榎本の独断で品川沖にいるんですよ」と言って応じない。いざというときに備えて、陸軍精鋭部隊と海軍精鋭部隊を北関東と江戸湾に逃して配置しておく。なかなか絶妙な作戦です。

■江戸焦土化に対抗するための150万人大移動計画

安部― 江戸無血開城の裏には、江戸焦土化計画もありました。もし強引に江戸が攻めこまれたときには、薩長軍が江戸に突入してきて火を放つ前に、自らの手で火を放って対抗する計画があったのです。

とはいえ、江戸がみすみす自滅しようというわけではありません。そうした事態に備えて、勝海舟は新門辰五郎《しんもんたつごろう》[*18]に「江戸の庶民を全部船で逃がせるように、今から万事手配をしておけ」と命じているのです。

さらに勝は「上野寛永寺に引きこもった輪王寺宮と徳川慶喜将軍を守るためだ」と言って、1500〜2000人の幕臣を上野のお山に配しました。もし官軍が上野のお山を攻撃したときには、十分に撃退できる態勢を整えていたわけです。勝海舟としては、事が済んだら彼らをうまく解散させるつもりでした。ところがこの点は計算が外れて、彼らは彰義隊を結成してしまいます。

佐藤―どんな組織にも共通することですけど、特に軍人の組織は一度作るとなかなか解散できませんからね。一連の勝海舟の策は極めて賢明です。彼我《ひが》の力関係がどうなっているのか、的確にとらえていますよ。ポイントは、徳川慶喜の意向を外さないようにうまく忖度《そんたく》していることです。戦時中に日本陸軍が作った『作戦要務令』（戦術指導書）とよく似ています。すなわち、大きな命令を上からもらったあとは、独断専行でもかまわないから臨機応変に準備して対応する。勝海舟はこういうやり方を採りました。

安部―それくらい周到に作戦を練っている勝海舟ですから、西郷どんとの会談がうまくいったのです。勝はただ道理を説いて説得しただけではありません。西郷を前にして「あんたたちが戦争をするなら、我々は十分勝てるんだよ」という根拠を示しながら圧力をかけ、無用な戦争を避ける方向へと導いていったのです。

■英仏代理戦争の危機を振り切った徳川幕府

安部―勝海舟は、外交官としても目をみはる働きをしました。横浜にいたイギリス公使のパークスに使者を送り、「どうか戦争にしないでくれ」と説得しているのです。

佐藤―当時、イギリスとフランスという二大帝国主義国は、日本の国内情勢に介入するチャンスを虎視《こし》眈々《たんたん》とねらっていました。１８６８年1月19日、フランス公使ロッシュは、一度は失脚した徳川慶喜に再挙を促します。慶喜はこの誘いを拒絶しました。徳川幕府がロッシュの誘いに乗ってフランスを引き入れていれば、日本列島は英仏《えいふつ》代理戦争の舞台になっていたでしょう。そうなれば、もう収拾がつかなかったはずです。

　最悪の事態を防がなければならないという智慧は、薩長と旧幕府の双方にありました。

安部―繰り返しになりますが、徳川慶喜には「天皇の命令には絶対逆らえない」という大前提がありました。水戸藩が培《つちか》った朱子学[*19]は、日本を英仏代理戦争の泥沼に突入させないために大きな貢献をしたのです。と同時に、その朱子学のせいで徳川幕府は滅んだわけでもありますが。

佐藤―明治維新を見ると、水戸藩は陰徳だけ積んだようなところがありますよね。水戸学派が膨大な学問を蓄積して幕府を底支えしてきたのに、天狗党《てんぐとう》の乱（１８６４年）でやられておしまいになっちゃいました。

■局外中立の布告は外交・安全保障のリアリズム

安部―１８６８年１月19日にフランス公使ロッシュが徳川慶喜に再挙を勧告し、慶喜は拒絶しました。その直後の１月25日、イギリス、アメリカ、フランス、イタリア、オランダ、プロイセンが局外《きょくがい》中立（交戦国のどちらにも肩入れせず、関係をもたない約束）を布告しています。これも日本史にとって重要な一コマでした。

佐藤―６カ国が揃《そろ》って局外中立を布告したのは、外交・安全保障のリアリズムです。イギリスは中国、ロシアは近東、フランスはインドシナ、オランダはインドネシアと、すでにだいたいの棲《す》み分《わ》けができていました。あのころはちょうどみんな戦線がいっぱいいっぱいに延びきっていて、日本にまで手を伸ばす余裕がなかったのです。アメリカも米西戦争（スペインの植民地キューバの独立をめぐって１８９８年に起きたアメリカとスペインの戦争）の前段階でし、フィリピンまで手を伸ばす余裕はありませんでした。

戦線がみんな延びきっている隙に、誰が日本に入ってくるのか。余力があるのはイギリスとフランスでした。でもこの両国にも、日本にどっぷり完全に入ってくるほどの力はありません。帝国主義的な世界戦略の中で「日本は局外中立にしておいたほうが列強の均衡を崩さない」という計算があったのでしょう。

これとよく似た例はシャム（現在のタイ）です。日本と同様、シャムがなぜ列強諸国から占領されなかったのでしょう。周辺国にいろいろな国が介入して、戦線がバラけていたおかげです。シャムがどこか一国の植民地になると、アジア全体のバランスが崩れてしまいます。だからシャムも局外中立の対象になりました。

ヨーロッパではスイスもそうです。ほかの列強諸国に囲まれたスイスは、局外中立の対象でした。イタリアもオーストリアもドイツも大国です。そのうちどこか一国にスイスがくっつくだけで、ヨーロッパ全体のパワーバランスが変わってしまいます。地政学的な均衡の隙間にいたおかげで、スイスはどこかの国から攻めこまれて植民地化されることがありませんでした。

安部―皆で申し合わせて「あそこには手を出さない約束ですよ」と約束する。シャムもスイスも日本も幸運に恵まれていたわけです。

■黄表紙本や歌舞伎、浮世絵がもつ力

佐藤―江戸時代は藩閥国家でありながらも、「外国勢力まで招き入れて自分の藩を有利にするのは良くない」という感覚は皆の間でなんとなく共通しています。フランス語でエトニー(ethnie)と言うのですが、政治的民族までいかない「亜民族」くらいの文化的共通認識が、日本人の原型としてありました。

意外と大きいのは、文化の普及が全国に広がっていたことです。黄表紙本が民衆レベルまで普及し、歌舞伎、短歌や浮世絵など豊かな文化が江戸期には花開いていました。当時の日本は、文化によって政治を包みこんでいたのではないでしょうか。「文化によって社会を包摂する日本人」という感覚が民衆の中にあったのだと思います。

安部―イギリスやフランスは、日本の文化の豊穣《ほうじょう》さに驚いて尊重しているのです。戦国時代に日本に来たイエズス会の宣教師は「こんなに立派な国民はヨーロッパにもいないんじゃないか」とまで書いています。鎖国体制の中で経済がうまく回り、芸術・文化を楽しむ余裕が

人々にあった。こういう国とはいたずらに事を構えず、貿易を順調に進めていったほうがいいと思ったのでしょう。

佐藤―今を生きる日本人が考えなければいけないのは、１８５０～60年代の歴史です。あのころヨーロッパもアメリカも、経済的にまだそれほど強くはありませんでした。漆器は英語で「Japan」と言います。ヨーロッパやアメリカに漆器がないからです。陶磁器は英語で「China」なんです。中国で作られていたような良質の陶磁器が、欧米にはなかったからです。

国はどういった形でバカにされるのか、バカにされないのか。結局は経済力であり、文化の厚みがモノを言うのです。当時の日本を見た欧米人の目には、階級差はあるけれども極度に貧しいとは映りませんでした。特に浮世絵なんてのは「これだけのものが極東の島国にあるのか」と衝撃を与え、西洋の印象派に強い影響を及ぼしています。

箱館《はこだて》の領事館附属として、１８６１年に来日したロシア正教会の司祭ニコライが、こんな見聞録を残しているのです。

〈孔子は、学問のある日本人は一字一句まで暗記しているものなのであり、最も身分の低い庶民でさえかなりよく知っているのである。彼ら庶民は大半が孔子を教材として読み書

きを習うのである〉

〈街頭に娘が二人立ちどまって、一冊の本の中の絵を見ている。一人が、いま買ったばかりのものを仲良しの友だちに自慢して見せているのだ。その本というのが、ある歴史小説なのだ。もっとも、この国では本はわざわざ買い求めるまでもない。実に多くの貸本屋があって、信じ難い程の安い料金で本は借りて読めるのである。しかも、こちらからその貸本屋へ足を運ぶ必要がない。なぜなら、本は毎日、どんな横町、どんな狭い小路の奥までも、配達されるからである！〉（『ニコライの見た幕末日本』訳＝中村健之介、講談社学術文庫、13〜15ページ）

安部―すごい。江戸時代にアマゾンみたいなサービスがあったんだ（笑）。

佐藤―司祭ニコライは、日本の識字率の高さと向学心を非常に高く評価しています。

〈読み書きができて本を読む人間の数においては、日本はヨーロッパ西部諸国のどの国にも退《ひ》けを取らない。（略）日本の本は、最も幼稚な本でさえ、半分は漢字で書かれているのに、それでなおかつそうなのである。（略）日本人は、文字を習うに真《まこと》に熱心である。

この国を愚鈍と言うことができるだろうか?〉（同、15ページ）

江戸末期の日本では、石田梅岩《ばいがん》や二宮尊徳《にのみやそんとく》の通俗道徳がだいぶ普及してきています。「努力をすれば報われる」という勤勉の感覚は、農民にも浸透しつつありました。しかも識字率が驚くほど高かった。「日本国民の誕生」は、あのころすでに起きていたのです。

■パリ万博で日本史上初の勲章を授与した薩摩藩

安部　江戸末期の文化の成熟を示すエピソードをご紹介します。明治維新前年の１８６７年にパリ万博（万国博覧会）が開かれました。万博は4月から10月まで半年間開かれ、１５００万人が来場したと言われています。

幕府が万博にブースを作るとともに、薩摩藩も独立国家のようなフリをして別にブースを開設しました。そこに浮世絵や焼物などをドーンと出品し、パリでジャパンブームが起きます。葛飾北斎《かつしかほくさい》[20]の浮世絵を見て衝撃を受けたゴッホは、大きな影響を受けて作風が変わりました。パリ万博に打って出たことによって、日本の文化力と技術力はヨーロッパ中に知れ渡ります。

佐藤― 当時の万博がもつウェイト（重み）は、今の万博とは全然異なります。要するに万博に来られるということは、文明国ということですから。

安部― 佐藤さんが紹介されたニコライの手記を見てもわかるとおり、列強諸国は日本のソフトパワーのすごさにとっくに気がついていました。「この国を侵略してぶっ壊すよりは、貿易をうまくやってお互い利潤を上げていったほうがいい」。そんな思惑が、列強諸国が局外中立同盟を結んだ一つの理由でしょう。

佐藤― 薩摩藩はおもしろくて、「日本薩摩琉球国太守政府」と名乗ってパリ万博に乗りこんでいます。「琉球」という言葉を入れこみ、清国と薩摩藩への両属制度であった沖縄を最大限に利用しました。

安部― 沖縄を擁する薩摩の話を聞いて、パリっ子たちはエーゲ海国家くらいのイメージで受け取ったのでしょうね。薩摩藩は、ナポレオン3世をはじめパリ万博に協力してくれた人たちに勲章をあげました。フランスのレジオン・ドヌール勲章を真似《まね》て「薩摩琉球国勲章」なんて立派な勲章を作ったのです。これによって「日本には幕府から独立した政権があるんだ」と印象づけようとしました。これも海外戦略の一つです。

佐藤― この戦略は成功しました。少なくとも幕府は文句はつけたけれども、薩摩が勝手なことをやるのを止められませんでした。幕末の幕府が、薩摩や琉球を実効支配できていない証《あかし》です。

安部―とても戦略的ですよね。

■焼酎とサーカスと芸者でパリっ子を魅了した幕末日本

佐藤―幕府はパリ万博に芸者を連れて行って、芸者がコマを回したりキセルを吹かしていたらすごくウケたそうです。どういうことをやればヨーロッパでウケるか、戦略的に考えているのですよね。

安部―ハシゴや大玉に乗ったり、綱渡りをする軽業師も連れて行きました。貿易をやる中で、ヨーロッパの雰囲気は向こうの商人たちからよく聞いていたのでしょう。

佐藤―薩摩藩のブースでは焼酎も出しています。「こんなに強い酒があるのか」と、みんなビックリしたと思いますよ。たいしたものです。

安部―「スコッチよりうまいじゃないか」ってね（笑）。薩摩には芋焼酎がありますし、琉球には泡盛があります。

佐藤―ちなみに私が外務省時代にイギリスへ留学したとき、日本ではコンビニで買える焼酎

「いいちこ」に高級酒の値段がついていて驚きました。ウォトカもそうです。どうしてだと思いますか？　ヨーロッパ全域は、アルコールの課税基準が度数なのです。何年仕込んでいるとか、そういう基準で酒税が決まるわけではありません。35度の酒なんて、自動的に値段が高くなって高級酒になってしまうのです。

安部―輸出で儲《もう》けるために、わざと昔から酒の度数を上げてきたのかもしれないね（笑）。

佐藤―フィンランドに「サントリーレッド」（39度のウイスキー）をもっていったら、今だと関税が１万円くらいかかるんじゃないでしょうか。

安部―それにしても、薩摩藩士がみんなに焼酎や泡盛を振る舞って、パリっ子たちが酔っぱらっている姿を想像すると楽しいねえ。幕末の日本人はじつにたくましい。

■もし江戸無血開城が失敗していたら……!?

佐藤―明治維新翌年の１８６９年、首都は京都から東京に遷都しました。もし江戸無血開城がなされず江戸で戦争が起きれば、京都御所はそのままで江戸の都市機能は京都に移っていたと思います。東京はペンペン草が生えていて、野犬が焼け跡を走っているような状態になっていたでしょう。

人々はみんな江戸から逃げて行っちゃって、周辺に拡散してしまう。文化も力も全部西国に集まっていたはずです。日本は京都中心の国家になり、「非常に遅れた関東」という感じになっていたでしょう。

安部― 江戸で戦争が始まったら、フランスとイギリスが介入したと僕は思います。

佐藤― 私もそう思います。すると仙台あたりに首都を置く東日本（北日本）と、京都に首都を置く西日本（南日本）に分かれ、東西日本の分断国家になっていた可能性もあります。

あれだけ多くの人間が循環型社会を形成していたのですから、平和のもとでしか社会は回りません。戦争によってこのシステムがひとたび崩れれば、し尿処理だってできないし、水だって十分供給できなくなります。食品だって外部から入ってきません。これではとても１５０万人の人口を養えず、江戸は崩壊していました。

安部― 戦争が勃発したとき、敵方が江戸をつぶすのは簡単でした。玉川上水と神田上水を止めればいいのです。

佐藤― 水を止めちゃうだけで、大都市はとたんに危急に瀕《ひん》するのですよね。ローマも中国も治水に力を入れ、上下水道をバッチリ整備していました。治水機能があることが、巨大国家と帝国の特徴です。それに対してギリシャは治水をやらなかったため、都市国家以上の規模にまで発達しませんでした。

日本は水をきちんと管理していたおかげで、江戸期に150万人の人口を養い、なおかつ巨大都市を平和に発展させることができたのです。

安部― その江戸の都市機能を、内戦や代理戦争によって破壊しなかったことはつくづく幸いでした。関東は東日本と西日本の結節点です。幕末の政治リーダーは、江戸の地政学を十全に読み解きながら「戦争から平和へ」という方向で江戸無血開城を実現しました。

■西の都と東の都

佐藤― 江戸が戦火に包まれて首都が東京から京都に移転していれば、大きな社会変化が訪れていました。西国、特に京都は寺社の影響が強すぎます。しかも当時は、僧侶と神主が一体化していました。彼らは知識人だから面倒くさいのです。文字が書ける知識人は、官僚機構の中にも自然に入ってきます。

日本が京都に政権を置いている時代に、なぜ政権中枢に公家《くげ》が多かったのか。彼らは文字が書けるからです。武士も京都にいると公家化していきますよね。知力に秀《ひい》でた人たちばかりが政権中枢に集まりすぎると、寺社の影響が強くなりすぎるのです。寺社は宗派ごとに対立があり、その面倒くさい感じが政争に直結します。首都を東京に置くだけで、政権における寺の力が圧倒的に弱くなる。ここは重要なポイントです。

　京都ではなく、東京に首都機能を置く意味はほかにもあります。東京を中心とするあれだけの大きな商業圏、ネットワークがすでにできていたわけでしょう。比較優位として、そこに乗らない手はありません。

安部—東廻《まわ》り航路と西廻り航路が、両方とも江戸に集まっていたわけですからね。大坂と江戸を結ぶ菱垣廻船《ひがきかいせん》や樽廻船《たるかいせん》も往来していました。第1章でも触れたとおり、江戸は大量の物品が流通する大消費地です。１５０万人が活気づいている都市なんて、あの当時の世界ではほかにほとんど類例がありません。

佐藤—横浜を含め、関東に外国船がやってきて、もうすでに16年というタイミングでした。外国とのつきあい方を、もう一回西国でやり直すなんて面倒くさいことはしたくない。江戸は外国人とのつきあい方をすでによくわかっています。そこをよくわかっていない京都に公使が入っていったら、「夷狄が来た！」と騒ぎになって刺し殺されたりしたらどうなるでしょう。

　基礎インフラがしっかりしていて、政治体制を維持するコストが低い。江戸を舞台に体制を作り直し、開国へ踏み出すための良い条件が、とてもたくさん整っていたのです。

■政治を混乱させる現代版新撰組と現代版奇兵隊

安部―勝海舟は「日本を再び戦乱の世に追いこんではいけない」という叡智を必死で働かせました。新撰組のように向こう見ずに突っこんでいく政治家ではなく、多くの要因をバランス良く考えて、的確な手を打つ。素養と知識と鍛錬の積み重ねのうえに、勝海舟をはじめとする政治家は懐《ふところ》深い智慧を働かせました。

佐藤―政治の世界で最悪なのは、「新撰組vs.奇兵隊」の争いになることです。これでは収拾がつきにくくなります。

安部―現代にも、ときどきそういう場面があるかもしれないね（笑）。

佐藤―ところがみんな「新撰組」とか「奇兵隊内閣」と聞くとロマンを感じてしまうのです。

安部―シンプルな論のほうが、人心へのアピール度が強いですからね。

佐藤―「状況はよくわからないけど、オレたちのほうが絶対に正しい。やつらは絶対間違えている。こっちだって体を張ってるんだから」みたいな感じで、思いに任せてどんどん突っこんでしまう。こういうタイプの人がリーダーだと、政治は泥沼のように混迷の度を深めていきます。

安部―そうならないようにするための根本は、教育の力です。勝海舟や江戸の武士たちが積んでいた基本的な素養は、極めてレベルが高いものでした。文章を書くときだって漢文の素養がありますから、ものすごく深いことを的確に語っています。あの文章力には、今の我々はとてもかないません。

素養と鍛錬を積み、平和と安定のため、民衆一人ひとりの安寧のために働く。為政者にはそういう覚悟をもってもらいたいですね。

第4章

征韓論と西郷隆盛の限界

征韓論に火をつけた「八戸事件」は、
薩摩藩の謀略だった!?
その後に起こる「書契問題」など、
日本と朝鮮の衝突から征韓論の顚末、
そして、西南戦争までを
一気に語り尽くす。

■征韓論に火をつけた「八戸事件」の謎

安部――1872（明治5）年末から日本と朝鮮の関係が悪化し、征韓論が沸き起こりました。征韓論は西南戦争が起こった要因の一つです。西郷隆盛《さいごうたかもり》を筆頭とする征韓派が敗北すると、大久保利通《としみち》政権が誕生して日本は近代化をたどっていきました。

征韓論に火をつけるきっかけとなったのは「八戸《はちのへ》事件」です。1867年1月、「八戸順叔」と名乗る日本人が上海《シャンハイ》の新聞に征韓論を投稿しました。

〈八戸順叔といふ者（九州の人、嘗《かつ》て米国に遊ぶといふ）、流《る》浪《ろう》して上海にあり、使節派遣の事を伝聞して妄《みだり》に誇張の語をなせるにより、同地の漢字新聞に、日本は大兵を挙げて朝鮮遠征の計画ありと記載せしを、支那にある朝鮮人之《これ》を本国に伝へしかば、彼国の上下をして其胆《そのきも》を寒からしめたり（略）。六月朝鮮は宗《そう》対馬《つしま》守を介して、事の真偽を幕府に質問せり（略）。幕府乃《すなわ》ち其妄《もう》を辯《べん》じ（略）、疑《ぎ》心《しん》尚《なお》解《と》けざりけん〉（渋沢栄一著『徳川慶喜公伝4』東洋文庫、18ページ）

　この投稿は、すぐに清国《しんこく》政府が注目するところとなります。清国政府は朝鮮政府に「日本はこんなことを考えているらしい。お前たちはどんな対処をしているのか」と照会するのです。日本に征韓論があることを知った朝鮮政府は「やがて日本は我が国に攻めてくるらしい」と反日的になりました。朝鮮政府が幕府に問い合わせをすると、老中の板倉勝静《かつきよ》[*1]は「事実無根だ」と返事をします。それでも朝鮮で芽生えた疑心暗鬼が解けることはありませんでした。

佐藤─その八戸順叔という人物は何者なのでしょうね。

安部─それがよくわからないのです。こんな資料もありました。

〈八戸順叔なる者、何状の人たるかを識《し》らず〉（田辺太一著『幕末外交談２』東洋文庫、２９８ページ）

〈当時一書生が上海に滞在中に、わが国の使節派遣のことを伝聞して、みだりに譸張《ちゅうちょう》（欺《あざむ》き偽《いつわ》る）の語を発したのが、上海の漢字新聞に掲載され（その新聞の写しを入手したが、これを抄示《しょうじ》する必要もないので省いた）、ついに朝鮮人の目にも入ったものであろう〉（同、２９９ページ）

■朝鮮と日本の間に勃発した「書契問題」

安部―当時、朝鮮はフランスともアメリカとも戦っていました。朝鮮政府が日本への態度を硬化させる中、徳川慶喜《よしのぶ》は「我々がフランスやアメリカとの調停役を買って出よう」と申し出ます。そうこうしているうちに幕府が倒れ、朝鮮との外交関係は明治政府に引き継がれました。

１８６８（明治元）年、明治政府は対馬を経由して朝鮮に使者を送り、「新しい国家ができました」という書契《しょけい》（国書）を届けます。ここで「書契問題」が勃発しました。国書の中に「天皇」、つまり「皇帝」の「皇」の字が使われていたからです。

佐藤―ああ、それはまずいですね。皇帝は清国に一人しかいないはずなのに、「日本の天皇と皇帝は同格である」という意思表示として受け取られてしまいます。

安部―「勅使」の「勅」という字が使われたのも、同様の意味でまずかった。清の冊封国（中国王朝を宗主国とした従属国）である朝鮮にしてみれば、「皇」とか「勅」は清以外が使ってはいけない言葉なのです。怒った朝鮮政府は、明治政府からの書契を受け取り拒否して突き返しました。幕末に起こった征韓論の問題もあって朝鮮政府は日本に対して決定的な不信感を抱き、両国の関係はどんどん悪化していったのです。

それにしても、朝鮮政府が「あんたのところの国書なんて受け取れん。このバカ者が」と親書を突き返して使いの者を追い返したのは、ある意味痛快でした。

佐藤―勢いに任せて出かけて行ったら、鼻で笑われたわけですよね。外交において親書を突き返されるという状況は、目の前で尻を出されてペンペン叩《たた》かれているようなものです。韓国の李明博《イ・ミョンバク》大統領が竹島に上陸したとき、民主党の野田佳彦《よしひこ》首相が抗議の親書を韓国に送りました。ところがその親書が書留郵便で返送されたことがあります（２０１２年８月）。「おまえのところの親書なんて受け取れねえ。竹島問題なんて存在しねえし、独島は最初からオレたちのものだ。お前らからそんな言いがかりをつけられる筋合いはねえからな」という意味ですよ。

安部―１５０年経《た》っても、今も昔と同じようなことをやっているわけです。「歴史に学べ」という意味はそこなのですよ。

■歴史学者・與那覇潤の『翻訳の政治学』

佐藤―八戸事件や書契問題のお話をうかがいながら、與那《よな》覇潤《はじゅん》さん（歴史学者）が東京大学大学院時代に仕上げた博士論文『翻訳の政治学　近代東アジア世界の形成と日琉関係の変容』（岩波書店）を思い出しました。この本で論じている「翻訳」にカギがあります。

１８５４年に日米和親条約と琉米《りゅうべい》修好条約、１８５５年に日露和親（通好）条約と琉仏《りゅうふつ》修好条約、１８５９年に琉蘭《りゅうらん》修好条約が次々と結ばれ、近代的な国際法関係によって国と国の関係を律していく枠組みが生まれました。これらの条約が作られるまで、二国間ではお互いがやっていることを敢えて翻訳しなかったのです。

文禄《ぶんろく》・慶長《けいちょう》の役（１５９２～98年になされた豊臣秀吉《とよとみひでよし》の朝鮮出兵）以降、朝鮮半島は日本との外交関係を断絶しています。李氏朝鮮《りしちょうせん》[*2]は事大降臨外交、事大主義[*3]外交に徹して清への朝貢[*4]を続けました。ただし江戸時代の２００年以上にわたって、朝鮮通信使は日本と朝鮮をたびたび往来しています。「外交関係はないが、朝鮮の辺境である日本を巡察するのはかまわない」という立て付けにしたのです。

朝鮮通信使が船に「巡察」という旗を掲げているにもかかわらず、徳川幕府はそれを「朝貢」として受け入れています。お互いがやっていることを正確に翻訳しなかったおかげで、こういう不思議な関係が成り立ったのです。

安部―真面目に翻訳しちゃったら「何が巡察だ。偉そうに」「何が朝貢だ」とバチバチぶつかり合って、要らぬ対立が生まれますからね。ファジー（曖昧）に放っておいたほうが、お互いに利益があります。

佐藤―ところが近代的な国家間関係が入ってくると、そうはいかなくなります。八戸事件の文書なんて「怪文書の類《たぐい》だ」と放っておけばいいのに、翻訳しちゃったせいで話がこじれてしまいました。東アジアの国家間関係はゴマかしながらうまくいっていたのに、翻訳が始まったことによって状況がガラリと変わってしまったのです。

西郷隆盛《さいごうたかもり》が帝国主義的だったから征韓論を唱えたとか、不平士族の不満が暴発して西南戦争が起きたというよりも、これはタイミングの問題でしょう。「翻訳の政治」が始まったからには、多かれ少なかれ、遅かれ早かれ日本と朝鮮は衝突していたはずです。

安部―「西郷隆盛は侵略的だった。それ以外の人は朝鮮半島との平和を望んでいた」というのは、完全に明治政府による後付けの言い訳です。朝鮮半島ときちんとした関係を確立しなければいけないと焦《あせ》っていたのは、西郷隆盛も大久保利通も一緒でした。

■華夷秩序から見た野蛮国・日本

安部―「翻訳」が正確になされていなかったおかげで、お互いの認識がまったく食い違っていた。なのに二国間関係がそこそこうまくいっていたのは、奇妙にしておもしろい現象です。朝鮮政府は、清との冊封関係こそが外交の基本であると考えていました。

佐藤― 華夷《かい》*5秩序ですから、中国と冊封関係を結ぶ朝鮮は文明国の側にいる。つまり、朝鮮から見たら日本なんて野蛮国なんですよね。「化外の地」（王化＝王様の徳が及ばない地）から「外交関係を結ばないか」と言われたところで、朝鮮からしたら「おととい来やがれ」という話なのです。

安部― 「皇」とか「勅」という漢字が使われている国書なんて受け取ったら、清に対して不忠になってしまいます。

佐藤― 日本は各国と条約を作って開国を進め、「これが新しい時代の御沙汰《ごさた》なんだ」というルールを作ろうとしました。ところが、それがまったくうまくいかないわけです。

安部― 日本はヨーロッパ流の外交をしようとしたわけですが、アジア流の外交とヨーロッパ流の外交はルールが全然違った。日本はそのたいせつなポイントがよくわかっていなかったのです。

■アメリカ船シャーマン号の焼き討ち事件と金日成神話

佐藤― 八戸事件が起きる前年の１８６６年９月、シャーマン号焼き討ち事件が起きました。アメリカは朝鮮を開国させようとして、金品を載せたジェネラル・シャーマン号という船を平壌《ピョンヤン》に派遣します。貿易を始めることと、キリスト教を宣教することが目的でした。李氏朝鮮はシャーマン号を受け入れるどころか、襲撃して船を焼き払ってしまいます。

安部― 下関《しものせき》の砲撃事件、あるいは薩英《さつえい》戦争みたいなものですね。この事件の落とし前をつけるため、１８７１（明治４）年にアメリカ艦隊は朝鮮の江華島《カンファド》へ乗りこみます。アメリカ艦隊は逆襲に遭い、報復は成功しませんでした。

佐藤― シャーマン号をやっつけた船に金日成《キム・イルソン》主席のひいおじいさんが乗っていたそうで、北朝鮮の歴史では「偉大なる金日成将軍のひいおじいさん金膺禹《キム・ウンウ》先生が、アメリカの海賊船シャーマン号を打ち破った。この日から近代が始まった」と言って非常に重視しているのです。

安部― それはおもしろい。

佐藤― 北朝鮮は日本語でも本を出版していまして、金日成主席の回顧録にこんな記述があります。

〈曽祖父は墓守りだったが、国と郷土を熱烈に愛した人である。

アメリカの侵略船シャーマン号が大同江《テドンガン》をさかのぼって豆老《トゥル》島に停泊していたとき、曽祖父は村人たちと一緒に家々から綱を集め、それを川向こうの鷗遊《ユンユ》島と万景峰《マンギョンボン》のあいだに幾重にも張り渡した。そして石をころがして海賊船の航路をさえぎった。

シャーマン号が羊角《ヤンガク》島近くまで侵入し、大砲や銃を発射して市民を殺害し、財物を略奪し、婦女子に暴行を働いているといううわさを聞いた曽祖父は、村人を引き連れて急ぎ平壌城に駆けつけた。そのとき、城内の人たちは官軍に協力して柴《しば》を満載した小舟を何隻もつなぎあわせて火をつけ、シャーマン号に向けて流した。そして船もろとも海賊を残らず沈めてしまった〉（『金日成回顧録　世紀とともに』第1巻、10ページ）〈ルビは編集部による〉

安部―アメリカの船は金品を載せて平和外交にやってきたつもりかもしれませんが、朝鮮にしてみれば「海賊」呼ばわりなんですね。

佐藤―朝鮮から見れば無礼極まりない。幕末から明治にかけて日本が朝鮮と接触した際も、シャーマン号がやってきたときと同じような感じだったのでしょう。日本は条約をベースにして、近代的な国際関係、国家間関係を結んでいこうとしました。朝鮮は「アジアにはアジアの国家間関係がある。我々は清国を中心とした華夷体制を維持する」という考えです。こういうシステムに固執した朝鮮との温度差がありました。

安部― そこに八戸文書の記事が、棘《とげ》のように刺さったわけです。

佐藤― 八戸文書は、日本と朝鮮の関係がまずくなった「原因」ではなくて、まさに「結果」なのです。今説明したような土壌があったのに、日本は無理やり地殻変動を起こそうとした。朝鮮の国家観をまったくわかっていない日本から、八戸文書が出てくるのは必然的でした。もし八戸文書が出てこなかったとしても、「××文書」という同じような文書が別のところで出てきたはずです。

■八戸文書＝薩摩藩の謀略説

安部― 八戸事件を引き起こした「八戸順叔」が何者なのかは、いまだに謎です。これは想像にすぎませんけれど、僕は薩摩《さつま》藩《はん》がやったんじゃないかと思ってます。なぜかというと、八戸文書が出たのは１８６７年１月です。４月から始まるパリ万博に向けて、薩摩藩士たちが船に乗って渡航をしている時期ですよね。前年から渡航を始めていれば、ちょうど中継地点の上海あたりに滞在しているころです。

当時の薩摩藩は、自分たちが徳川幕府とは別の正統な政府であることを、イギリスをはじめヨーロッパ諸国にアピールしたかった。「今の幕府はこんなにひどいことを考えているんですよ」と訴えたかったはずです。八戸文書は、薩摩藩の謀略だった可能性があります。

佐藤―その見立ては合理的ですね。この文書が出ることによって誰が得をするのかというと、薩摩藩ですから。

安部―朝鮮との関係がまずくなったときに、西郷隆盛が「自分が行って話をつけてくる」と言いました。あれは「あの八戸文書ってのは、実はオレのところで書いたものなのだ。すまんかったのう」と正直に言うつもりだったのかもしれない（笑）。西郷さんってそういう人ですからね。勝海舟《かつかいしゅう》も『氷川清話《ひかわせいわ》』で書いているとおり「誠意をもって話せば、わからないはずはない」と本気で思っている真正直な人なのです。

佐藤―安部さんの仮説は合理的です。誰が得をしているかを推定して物事を見ていくと、その可能性は高いと思います。鎖国体制の中でも、薩摩藩は国際的なネットワークを築いていました。その薩摩藩の手の者が、上海の新聞に漢文の投稿を載せるのは簡単です。

謀略の定石として、ソース（情報の出所）は極力わからないようにする。誰がやっているのかはわからない。しかし結果として「いかにもありそうな話だ」という印象が走ればいいわけで、謀略としては非常にうまくいっています。日本陸軍のもとで謀略戦を展開した池田徳真《のりざね》（徳川慶喜の孫）が『プロパガンダ戦史』（中公文庫）で書いている定石どおりです。

安部―しかもこの八戸文書の記事は、かなり事実に即しています。幕政を改革し、軍艦を買い入れているといった記述は、陰謀論でもフェイクニュースでもありません。

佐藤―徳川幕府が大きな軍艦をもっていて、かなりの海軍力を擁していたことは事実です。

安部―八戸文書には「十四名の留学生を送っている」という記述もあります。これはまさに１８６６年に徳川幕府がイギリスに送った留学生14名のことです。

佐藤―正しい情報をしっかり書きこみつつ、謀略をスパイスとして混ぜこむ。インテリジェンス戦争の定石どおりです。

■朝鮮が日本との国交を拒んだ理由

安部―１８７０（明治3）年9月18日、日本は国交を開くために朝鮮へ外務省の役人を派遣しました。先ほどから語り合ってきた理由により、朝鮮は日本との国交樹立を拒絶しています。理由は二つです。朝鮮の冊封体制と日本が始めた近代外交は、根本的にソリが合わない。

そして、日本に対する根源的な不信感のせいです。

こうした中、西郷隆盛は最初から強硬に征韓論を叫んでいたわけではありません。征韓論争が起こり始めた１８７０年７月27日、西郷のお弟子さんにあたる横山安武《やすたけ》[*6]が割腹自殺しました。明治政府の腐敗と迷走を嘆いた横山は、諫死《かんし》によって「征韓論は駄目だ」と訴えたのです。

横山の死を悼《いた》んで、西郷は石碑《せきひ》を建てました。その碑にこういう漢詩が書かれています。

「精神貫日華夷見　気節凌霜天地知」（精神、日を貫いて華夷に見《あら》われ、気節、霜《しも》を凌《しの》いで天地知る）

「精神、日を貫いて」とは「横山の一途《いちず》な精神が太陽をも貫いている」という意味です。だけれども「華夷に見われ」てしまった。「華」は中国、「夷」はその周辺国であるというのが華夷思想です。

征韓論という難しい問題に巻きこまれた横山は、割腹して果て、死によって明治政府を諫《いさ》めました。「気節、霜を凌いで天地知る」とは「どんな困難辛苦も、それを凌ぐ強い意志をもってあたれば必ず道は開ける」という意味です。こうした言葉を贈った西郷隆盛は、１８７０年７月の時点では朝鮮出兵には反対の立場なのです。

佐藤──「西郷隆盛＝征韓論」ととらえている人が多いのかもしれませんが、歴史の流れを振り返ってみると、そういうわけではないのですよね。

■岩倉使節団留学による「留守番政権」

安部―1873（明治6）年1月10日に徴兵令[7]が施行され、1873年7月28日には地租改正条例が布告されました。国内的な改革が進む中、士族の不安は高まっていきます。政府内で征韓論が高まっていった理由として、岩倉使節団も見逃せません。

佐藤―1871（明治4）年10月8日、岩倉具視《いわくらともみ》[8]や木戸孝允《きどたかよし》[9]、大久保利通《としみち》や伊藤博文《ひろぶみ》といったリーダーはゴッソリ外遊に出かけてしまいました。1871年11月から73年9月にかけて、じつに1年10カ月にわたって岩倉使節団はアメリカやヨーロッパ12カ国を回ります。日本に帰国したあと、彼らは征韓論に反対しました。

安部―2年近くも日本を留守にする間、政権を預かっていたのは西郷隆盛や板垣退助《いたがきたいすけ》、大隈重信《おおくましげのぶ》[10]や江藤新平《えとうしんぺい》[11]です。彼らが自分たち寄りの人材を集めて内閣を編成し、日本は征韓論に傾いていきました。

佐藤―岩倉使節団に便乗できなかったドメスティック（国内）派は、国際感覚がよくわからない人だらけです。国際感覚がわかる人材は、みんな外に出てしまいました。

日本が征韓論で動いた場合、それが国際的なハレーション（軋轢《あつれき》）を生んでどのくらい面倒くさいことになるのか。ドメスティック派にはそこが見えていませんでした。冊封体制がある朝鮮半島から朝鮮通信使がやってきたとき、彼我《ひが》の上下関係はどうなっているのか。五分のつきあいをしていると思ったら大間違いですし、ましてや日本が朝鮮半島を侵略しようなんて不遜極まりない。そこがまったく見えないまま、岩倉使節団がいない間の「留守番政権」は迷走してしまいました。

さらに言うと、当時の朝鮮のバックについているのは清国だけではありません。ロシアも朝鮮半島に触手を伸ばしていました。まともな国際感覚があれば「大丈夫か。朝鮮の後ろには清国だけじゃなくてロシアもついているぞ。そんな危ないところに手を突っこんだら、えらく面倒くさいことになるぞ」と気づきます。西郷隆盛をはじめとするドメスティック派は、そこがまったくわかっていませんでした。

■場当たり的だった時代錯誤な征韓論

佐藤　読者の皆さんはお気づきかもしれませんが、そもそも「征韓論」という言葉遣いがおかしいとは思いませんか。当時は「韓国」なんて国名は使われていません。「朝鮮」です。

だったら「征朝論」になるはずなのに、「征韓論」と呼ばれた。

安部―そうそう、トンチンカンな呼び方なんですよね。

佐藤―『日本書紀』に出てくる神功皇后《じんぐうこうごう》の三韓（新羅《しらぎ》・百済《くだら》・高句麗《こうくり》）征伐のイメージから来ている、とんでもなく時代錯誤的な名称なのです。朝鮮半島を観念論的にとらえているから、「征朝論」ではなく「征韓論」という呼称になったのでしょう。

　日本は日清戦争（１８９４～95年）、日露戦争（１９０４～05年）を経て、１９１０（明治43）年に朝鮮半島を植民地化しました。征韓論は、朝鮮半島とアジア侵略へ向かう最初のグランドデザインのようにとらえられています。私はそんなにすごいアイデアじゃないと思うんですよ。１８７０年代の日本って、ものすごく場当たり的だったと思いませんか。

安部―まだ国内の政治体制もまともに整っていませんでしたからね。廃藩置県（１８７１年）から徴兵令（１８７３年）、地租改正（同）から秩禄《ちつろく》処分[*12]（１８７６年）に至るまで、さまざまな国内改革を３～４年でブワーッ！と進めなければなりませんでした。一つひとつが国論を二分するような大改革なのに、それを次々と矢継ぎ早に実行していった。当然、国内の足元はグラグラしているに決まっています。

佐藤―しかも外国との関係が今まで曖昧に済んでいたのを、全部明確にしなければいけなくなりました。与那覇潤さんが言うところの「翻訳」の問題も出てきて、明治政府は大混乱していたのです。

■吉田松陰の尊王攘夷思想に駆られたアジア進出

安部―明治維新は尊王攘夷《そんのうじょうい》から始まっています。尊王攘夷の根本には、吉田松陰《しょういん》の思想がありました。吉田松陰は「外国からの危機に日本が対処するためには、天皇を中心とする強い国家を作らなければならない」と考えた人です。

佐藤―天皇を中心に国が一致団結して、朝鮮半島と満州に出て行って夷狄《いてき》（外国勢力）をやっつけてしまえ――尊王攘夷思想はそんなふうに展開されていきました。

安部―「まず弱いところから取れ。取りやすいところから取れ」とけしかけられた長州藩士、薩摩藩士、多くの尊王の志士たちが決起しました。かたや明治政府は「日本は開国する。国際情勢を見れば、攘夷なんて物騒なことは言っていられない。日本は近隣諸国と仲良くやっていく」という立場です。その明治政府に不満を募らせた不平士族は「早く攘夷を実現しよう。外国に打って出るべきだ」という主張をするようになりました。

そんな中、１８７１年に宮古島の漁民が台湾で殺されます。宮古島は琉球《りゅうきゅう》国の範囲内です。

宮古島の島民が殺された仕返しをすることによって、明治政府は琉球の宗主《そうしゅ》権（他国に対し、内政・外交を管理する権限）と台湾の支配権を確立しようとしました。

佐藤―１８７４（明治７）年、明治政府は西郷従道《さいごうつぐみち》の軍を台湾に派遣します（台湾出兵）。

安部―その交渉に大久保利通が自ら乗りこみ、清国に譲歩させ、琉球が日本の版図（領土）であることを認めさせました。賠償金も取っています。

佐藤―その台湾出兵が、１８７９（明治12）年の琉球処分につながっていくのですよね。１８８１（明治14）年には、「分島・増約」条約案なんてものも噴き出しました。日本政府は、琉球国がもっていた宮古島と石垣島を清国に引き渡して、清国領にしてしまおうとしました（分島）。「そのかわりに清国の関税自主権をください」（増約）と提案して条約を結ぼうとしたのです。両国代表者による署名もなされています。この条約は履行したところであまりにも不利なので、清国は批准せず無効になりました。

あのころの日本と東アジア情勢は、ものすごくジグザグしていて複雑なのです。この地政学を的確に読み解いて判断するのは、為政者にとって容易ではありませんでした。

■琉球国の「開化党」と「頑固党」

佐藤―台湾出兵の結果、大久保利通は清国から50万両（約67万円）の賠償金を分捕りました。

安部―台湾出兵がなされた1874（明治7）年の巡査の初任給は4円だそうです。1872（明治5）年の白米10キロは36銭、1877（明治10）年の白米10キロは51銭ですから（『週刊朝日』編『値段史年表　明治・大正・昭和』朝日新聞社）、莫大《ばくだい》な金額です。

佐藤―ものすごい金額の賠償金を取ってきたのに、大久保利通は琉球には1銭も渡さず、蒸気船を1隻渡しているだけなんです。「変な話だ。オレたちが襲撃されたことをきっかけに清国から賠償金を取ってきたのに、こっちには全然カネが回って来ないじゃないか」と沖縄の人たちは怒りました。その結果、沖縄の中に「開化党」と「頑固党」が生まれるのです。

安部―「開化党」とは「沖縄も日本と一緒に文明開化でやっていこう」という立場ですか。

佐藤―「頑固党」は明治政府による琉球処分に反対し、「琉球は清国に義理を尽くす。こんな乱暴な日本とはやっていけない」という立場です。沖縄の世論は、日清戦争が終わるまで真っ二つに割れたままでした。

安部―「頑固党」というネーミングがいいなあ（笑）。

佐藤―琉球処分がなされたあとも、「頑固党」の人たちは北京《ペキン》まで行って、清国による軍事介入を要請しています。だから日清戦争のときに沖縄県人は徴兵されなかったのです。徴兵して中国大陸に連れて行ったら、清国と日本どっちの味方になるかわかりませんからね。

安部―歴史のボタンの掛け違い一つで、琉球が清国の領土になっていた可能性は十分ありますね。

佐藤―そう思います。１８７０年代はジグザグしているから、あのころの歴史は本当におもしろいんですよ。大日本帝国がイケイケドンドンだったころから逆照射して歴史を見る人は、日本にいかにも一貫した戦略があるように思うでしょう。ところがそうではなくて、当事者はその日暮らしでいっぱいいっぱいだったのです。

■中央政府の権力闘争で敗れても帰る場所があった薩摩藩士

安部―１８６８年、李氏朝鮮が明治政府からの親書を突き返したという話題に先ほど触れました。日本と朝鮮の緊張関係をなんとかするため、１８７３年に西郷隆盛を朝鮮へ派遣することが決まります。

佐藤―板垣退助は朝鮮出兵を主張しましたが、西郷は外交交渉によって両国の国交を正常化しようと願いました。

安部―西郷どんはあくまでも話し合いによって、朝鮮と平和的に交渉を進めようとしていました。ところが政府の一部から、西郷が強硬な征韓論者だと勘違いされてしまったのです。朝鮮への西郷派遣が一度閣議決定されたにもかかわらず、岩倉具視が明治天皇を利用して、朝鮮派遣を無期限延期してしまいました。これにより、西郷どんは中央政府内の立場を失って失脚します。

佐藤―下野しても、西郷隆盛の政治生命はそれで終わりではありませんでした。薩摩藩というカチッとした藩が残っているので、中央政府で居場所をなくしても帰る場所、帰る国があったのです。薩摩藩には徴兵制があり、自分に従ってくれる軍隊もありました。

安部―失脚した西郷が国に帰るというので、当時の文官と武官６００人が行動を共にしたという記録があります。「西郷どんがいない政府になど、オイドンは仕えられもはん！」と言って、その人たちは全員薩摩に帰りました。西郷どんの弟子である大山綱良《つなよし》[＊13]（鹿児島県令）の協力を得れば、鹿児島は全部自分たちの手によって治められる。中央政府で失脚したとしても、第二の人生をすぐにスタートできたのです。

佐藤―パリ万博で、江戸幕府とは別に薩摩藩がブースを設けたという話が第3章で話題にのぼりました。廃藩置県したとはいえ、日本国―薩摩―琉球がすぐに縦の支配構造へと移り変わったわけではありません。水平の関係性でしたから、失脚した西郷隆盛には薩摩という戻る場所があったのです。

■西郷隆盛が造った「私学校」という名の軍隊

安部―1873年に下野した西郷隆盛は、翌74年に鹿児島に私学校を設立します。

佐藤―私学校といっても、これはただの学校ではありません。

安部―西郷につき従って、一緒に下野してきた軍人を育成するための学校です。銃隊と砲兵隊の訓練場所ですから、要するに軍隊なんですよ。薩摩藩はオカネをたくさんもっていますし、自ら弾薬も作っていました。

佐藤―徴兵制もありますから、自前で兵を駆り出せるシステムも整っています。

安部―しかも、このとき彼はまだ陸軍大将在任のままでした。失脚したときに参議は辞職したのですが、明治政府は陸軍大将の位までは剥奪《はくだつ》できなかったのです。そんなことをしたら、西郷どんを慕う不平士族が全国でいっせいに決起するおそれがありますからね。西郷は「やがてこの明治政府はつぶれる」と思っていたのでしょう。「こんな洋化政策を進めて、こんな無策外交をやって、こんな急進的な政策を進めている。明治政府はもう終わりだ」と憤《いきどお》っていたはずです。

佐藤―中央政府に対する不平士族のルサンチマン（恨みつらみ）は、すでに爆発寸前でした。武士とは暴力装置でもありますし、同時にいちばんのエリート層の文官でもあります。日本で最も優秀なエリート層が、明治維新によって権利を次々と剝奪されて冷や飯を食っている。仕事がなくて、しょうがないから駄菓子屋で菓子を売る者までいる。そういう国がもつわけがありません。

安部―西郷隆盛は「明治政府はもう駄目だ。もう一回薩摩が立つぞ」という思いでした。「西郷どんが決起したときには我らも呼応しよう」という不平士族は全国にいます。大久保利通はそのことをよくわかっていて、佐賀の乱[*14]（１８７４年）や神風連《しんぷうれん》の乱[*15]（１８７６年）など、不平士族を先んじて攻めていきました。各個撃破作戦によって不平士族を徹底的に叩き、西郷をつぶしにかかったのです。

佐藤―大久保利通は西郷とずっと一緒にやってきましたから、お互いに手の内は知り尽くしています。

安部―１８７３年に徴兵令を敷いて明治政府の軍隊を徹底的に強化し、１８７６年の廃刀令[*16]

によって不平士族から刀を取り上げる。さらに１８７６年には、秩禄処分によって武士の給料を召し上げてしまいました。詰め将棋のように西郷を追い詰めていく手腕は、見事なものです。

佐藤―大久保は良くも悪くも官僚の鑑《かがみ》ですよね。

■火縄銃からゲベール銃、ミニエー銃への技術革新

安部―戊辰《ぼしん》戦争と明治維新の時代を語るにあたって、僕は銃の革新に注目しているのです。江戸時代の日本では火縄銃が使われていましたが、幕末になると火縄銃が雷管式の銃に移り替わりました。

佐藤―雷管と火縄とでは、性能は段違いです。

安部―撃てるスピードが全然違うのです。火縄銃は30秒に１回しか撃てませんが、雷管式のゲベール銃であれば10秒に１回ずつ撃てます。つまり３倍の火力ということです。１８６１年に、江戸幕府は国産のゲベール銃８０００丁を造らせました。フランスは雷管式のミニエー銃、イギリスは雷管式のエンフィールド銃という銃をそれぞれ導入します。戊辰戦争では主にゲベール銃、ミニエー銃、エンフィールド銃という３種類の銃が使われました。

ゲベール銃の有効射程は、１００～３００メートルです。

佐藤―すると、実際に相手に弾を当てられる距離は１００メートル台ですね。３００メートルも離れるとだいぶ標的からズレてしまいます。

安部―ミニエー銃やエンフィールド銃は、だいたい３００～９００メートルが有効射程です。

佐藤―性能が全然違いますね。これだと３００メートル離れたところから撃っても相手に弾が当たります。ボクシングで言うとリーチ（手の長さ）が全然違う。手の長さが自分より３倍もある相手には、いくらこちらから殴りかかろうとしてもパンチは当たりません。

安部―鳥羽《とば》・伏見《ふしみ》の戦いで３０００人くらいだった薩長《さっちょう》勢が、なぜ１万５０００人の幕府軍をいいように撃退できたのか。銃の性能が違いすぎたせいなのです。軍事技術の研究をしている保谷《ほうや》徹《とおる》さん（東京大学史料編纂所教授）の本の中に、ゲベール銃（雷管マスケット）とミニエー銃の命中率を調べた実験データが載っていました（保谷徹著『戊辰戦争　戦争の日本史18』吉川弘文館、36ページ）。

２００ヤード（約１８０メートル）の距離だとゲベール銃は42・5％の命中率、ミニエー銃は80％の命中率です。４００ヤード（約３６０メートル）の距離だとミニエー銃は52・5％の命中率なのに、ゲベール銃の命中率は４・５％でしかありません。明治維新と戊辰戦争を語

表　雷管マスケット（滑腔銃）とミニエ銃（施条銃）の命中率

距離（ヤード）	雷管マスケット	ミニエ銃
100	149　（74.5%）	189　（94.5%）
200*	85　（42.5%）	160　（80.0%）
300	32　（16.0%）	110　（55.0%）
400	9　（ 4.5%）	105　（52.5%）

＊原記載は260だが、誤記と思われる。
的は高さ6フィート×幅20フィート、20人が10発ずつ、それぞれ計200発を撃った結果である。

（W. W. Greener, “The Guns and its Development”, 1899）

出典『戊辰戦争 戦争の日本史18』（吉川弘文館）より作成

るときには、この差を頭に入れておかなければ実態が見えないのです。

佐藤―兵器体系が全然違っていたのですね。

安部―これだけ性能の違う銃をもっていれば、軍隊の戦闘体系もまるで違ってきます。命中率の低い銃を使っている軍隊は、大勢で一斉射撃しなければ歩留まりが上がりません。命中率が高い銃であれば、小隊分散型で敵方を狙い撃ちできます。

佐藤―スナイパーがピンポイントで個人を狙い撃ちできます。「ゴルゴ13」のデューク東郷みたいな世界です。

安部―戊辰戦争や西南戦争について「どん百姓の集まりが出兵した」なんてバカにする人もいますけど、こちらの武器がゲベール銃なのに、相手の武器がミニエー銃やエンフィールド銃であれば、正面から戦ったらとても勝ち目はありません。

■赤松小三郎を暗殺した中村半次郎

安部―武器の話については、興味深いサイドストーリーがあります。上田藩の藩士・赤松小《こ》三郎《さぶろう》[17]は、高島秋帆《しゅうはん》[18]と並ぶ砲術師範でした。薩摩藩は赤松を雇って銃撃隊の訓練をしてもらい、薩摩に近代の西洋的な銃隊を編成するのです。

　赤松は藩命によって「上田藩に帰れ」と命令されます。藩士だから、地元に帰れと言われたら命令に従わなければいけません。彼を上田藩に帰したらどうなるでしょう。

佐藤―優秀な人材ですから、当然幕府に重用されるでしょうね。

安部―すると薩摩藩の銃隊の秘密が全部幕府にバレて、機密情報が筒抜けになってしまいます。それを阻止するために薩摩藩がどうしたか。なんと中村半次郎《はんじろう》[19]（桐野《きりの》利秋《としあき》）に命じて、赤松小三郎を暗殺しているのです。

佐藤―ヒットマンに斬らせちゃった。

安部―赤松小三郎が暗殺されたのは１８６７（慶応３）年９月３日です。坂本龍馬《りょうま》[20]が暗殺されたのは、それから2カ月後の11月15日でした。坂本龍馬暗殺についても、薩摩藩黒幕説が根強くあります。なぜ薩摩にとって、坂本龍馬が生きていたら都合が悪かったのか。一般的には「坂本龍馬は公武合体派だから、つぶさなければいけなかった」と言われています。それよりも重要なのは、坂本龍馬が武器商人グラバーの手下として、薩摩と長州に武器を売っていたことです。

　薩摩と長州がゲベール銃を何丁もっているか、ミニエー銃は何丁、エンフィールド銃は何丁あるのかを、坂本龍馬は全部知っていました。それを公にされたら困るから、軍事機密を保持するために薩摩が坂本龍馬を謀殺した——説得力がある仮説だと思いませんか。

佐藤―余計なことを知ったら、あまり変な動きをしないほうがいいんですよね。フラフラしないでそのまま留まっていれば、坂本龍馬を殺す必要性なんて出てきませんでした。

安部―薩摩・長州軍の内情を詳しく知っているのに、公武合体派に行っちゃったのはまずかったね。

佐藤―あまりスタンスをフラフラ変えないほうがいいんですよ。

安部―身につまされる話だ（笑）。

佐藤―その手法は、今でも情報機関の世界でときどき使われます。彼らは外交・安全保障にとって都合が悪い対象を「殺す」とか「消す」とは言いません。「中立化する」と言うのです。

安部―怖ろしい。「ポア」と言ってテロ活動をした宗教団体を思い起こすなあ。

佐藤―「敵対行動をやめる＝中立化」なのです。「説得に応じないときは中立化するように」なんて命令を下して、特殊部隊なりドローン（無人兵器）なりが中立化しにいく。相手が死んじゃったら、右も左もなく中立な立場になりますからね。

■田原坂の戦いを決した警視庁「抜刀隊」

佐藤―1877（明治10）年3月20日、政府軍は「田原坂《たばるざか》[*21]の最後の戦い」で西郷軍を撃破しました。あの戦いで決定的な役割を果たしたのは、警視庁の部隊によって結成された抜刀隊です。抜刀隊は三隊に分かれて、西郷軍へ一気に斬りこみました。あの戦いは、工学的なリーダーシップによる近代的な指揮なのです。

抜刀隊に参加しているのは普通の兵隊ですし、とりたてて剣術に秀《ひい》でているわけでもありません。宮本武蔵《むさし》みたいに傑出した刀使いは、むしろこういう戦いでは必要ないのです。指揮官は普通の兵隊を合理的に三隊に分け、迫撃戦を展開しました。親分子分関係でもなければ、個人の武勇を誇るわけでもない。誰にでも代替可能な集団戦を、抜刀隊は事前に訓練できていました。

安部―おそらく抜刀隊の前には銃撃隊がいたでしょうね。

佐藤―私もそう思います。

安部―銃撃隊であらかた敵軍を撃ち崩してから、抜刀隊がワーッ！と斬りこんでとどめを刺す。

佐藤―圧倒的に優位な銃体系を駆使して、銃撃隊によって撃ち倒す。残った残党は抜刀隊によって手作業で整理していく。抜刀隊といっても、そこらへんからかき集めてきた歩兵です。均質な能力をもつ部隊を三隊に分けて、交替でどんどん送りこむ。

それに対して、薩摩の歩兵は兵力が個人個人でバラバラだったと思うのです。腕にすごく自信がある人もいれば、弱兵も混じっている。戦いに確実に勝利するためには、政府軍による抜刀隊のスタイルが合理的でした。

■戦争に勝利するために必須だった懐中時計

安部―もう一つ重要なのは、時計の普及です。三隊に分かれた抜刀隊は、みんな懐中時計をもっていました。だから「×時×分、誤差なし！」と申し合わせて正確に突撃できるのです。

佐藤―それは安部さんならではの重要な着眼点です。宮本武蔵と吉岡流一門が決闘したときに「一乗寺の下り松で寅の下刻（明け方5〜6時ごろ）」と約束しました。当時の時間の数え方は「子の刻、丑の刻、寅の刻……」と「一刻＝約2時間」です。2時間単位ではあまりに大雑把《おおざっぱ》だったためか、一刻を三つに分けて上刻、中刻、下刻としていましたが、「寅の下刻」と約束しても5時～6時ごろという、およそ1時間単位で待ち合わせの約束をしていたのです。

安部―京都の一乗寺の下り松の下で待てど暮らせど、相手は1時間のうちいつやってくるのかわからない（笑）。二本松《にほんまつ》藩や会津《あいづ》藩などの奥州《おうしゅう》軍が白河城を攻めたときには、時計がなかったので一斉攻撃ができませんでした。

佐藤―時間の概念が「寅の刻」「午の刻」と非常に大雑把で、しかも夏と冬とでは日の出の時間も日没の時間もズレてきます。正確に計れる時計は水時計くらいしかない。みんなが確実にわかる時間といえば、日の出と日没しかなかったのです。「だいたい太陽が真ん中に昇ったくらいのタイミングで攻撃を仕掛けよう」といった牧歌的なやり方では、戦争には勝てません。

■軍歌「抜刀隊」と西郷どんのネガティブキャンペーン

佐藤―余談ですが、１８７７年の西南戦争から8年後に「抜刀隊」という歌が作られました。シャルル・ルルーというフランス人が作曲したため、軍歌としてはちょっと不思議な感じがします。ユーチューブに歌詞つきの曲がありますから、ちょっと聴いてみましょうか。

「吾《われ》は官軍我が敵は　天地容《い》れざる朝敵ぞ
敵の大将たる者は　古今無双の英雄で
これに従うつわものは　共に慓悍《ひょうかん》決死の士
鬼神に恥じぬ勇あるも　天の許さぬ反逆を
起こせし者は昔より　栄えしためし有らざるぞ
敵の亡《ぼろ》ぶるそれ迄《まで》は　進めや進め諸共に
玉散る剣抜きつれて　死する覚悟で進むべし」

安部―うわっ、すごい歌詞だなあ。敵の大将（西郷隆盛）は「古今無双の英雄」だけど、天皇に反逆した悪いヤツだという歌なんですね。

佐藤―西郷隆盛はすごく立派な人物だという評価があるのはわかるが、彼奴《きゃつ》は「天の許さぬ反逆」をした。だから成敗せざるをえなかったのだ。こういう歌を歌謡曲にして、世間に普及させました。小学校からずっと歌わせ、軍でも歌わせることによって、西南戦争が歴史的にどう位置づけられているのかを国民に体感させてきたのです。この曲は今も陸上自衛隊の分隊行進曲として用いられています。

ちなみに、第2次世界大戦中の大本営発表が出ると、日本軍が勝ったときに「軍艦行進曲」が流れますでしょう。あれは海軍が勝ったときの歌なのです。陸軍が勝ったときは「抜刀隊」、陸海両方が合同作戦で勝ったときは「敵は幾万」が流れます。曲のイントロが違うので、イントロを聴いただけで海軍の作戦なのか、陸軍の作戦なのか、それとも合同作戦なのかが一発でわかるのです。

安部―負けたときにはみんな共通で「海～　ゆかば～」ですね。それにしても、歌まで作って全国民的に西郷隆盛のネガティブキャンペーンをやったということは、それだけ西郷隆盛の影響力がすごかったことの裏返しでもあります。

佐藤―西郷どんと配下の者たちの無念の怨霊《おんりょう》も怖い。だから上野公園の中に大きな銅像を造って供養《くよう》したのでしょう。

■大学生のサークル活動のように出たとこ勝負だった明治維新

佐藤―西郷隆盛が立派な人ではあったことは間違いありませんが、朝敵になっちゃったのは決定的にまずかった。天皇から「それは駄目だ」とストップをかけられたら、あの当時の日本ではもう終わりなのです。そこは理屈じゃない。会社組織にしたって、これまでどんなに素晴らしい業績を上げてきたとしても、トップの指令、トップの指示に忠実でない人は反逆者です。いちばん重要な価値観を間違えてしまった瞬間、その人は組織にはいられなくなってしまいます。

西郷隆盛は楠木《くすのき》正成《まさしげ》の逆でした。楠木正成は「時間をかけて戦うのだ」と後醍醐《ごだいご》天皇から言われたら、ブーたれて「えーっ、やるんですかー」なんて言って怒られましたよね。「しようがねえな。天皇に言われたから行かざるをえないよな」「トップの言うことには忠実に。トップの判断が間違えていても、その判断には忠実に」ということで、楠木正成は天皇に歯向かいませんでした。

安部―不平士族だけでなく、一般国民も西郷隆盛のことを広く支持していました。いくら人気があっても、天皇に逆らったのはまずかったね。

佐藤―「大西郷」といえど、そこはまずかった。維新政府に残り、台湾出兵に参加した西郷従道は「小西郷」と呼ばれました。「大西郷」「小西郷」というネーミングからわかるとおり、明治維新って大学のサークルみたいな雰囲気なんですよね。男社会の同質性がすごく高くて、お互いよく顔も知っているし性格もわかっている。国際派の人材はみんな遊学に行ってしまったものだから、西郷さんのまわりにいる人は誰も国際情勢をわかっていない。だから判断を誤ってしまいました。

　大久保利通にしたって伊藤博文にしたって、列強のアジア政策を見ながらプルプルしているわけですよ。その日本には、朝鮮半島に手を出せる余裕なんてない。「列強から国を守るだけでギリギリだぞ」と大久保や伊藤が歯嚙《はが》みしていた様子が、全然わからない。これが西郷隆盛の悲劇であり、限界でした。ただし、彼が地位も名誉も要らないしカネも要らない、公明正大で潔白な人物であったことは間違いありません。

安部―今でも西郷隆盛と大久保利通の二択で人気投票したら、圧倒的に西郷の勝ちでしょう。自分が信じる道を突き進んで筋を通して、最後は悲劇の死を遂げたわけですから。

■革命の時代に年を取りすぎていた西郷どん

佐藤―西郷隆盛はうんと真面目でバランス感覚もあったとは思いますが、いかんせん視野が狭かった。そういう企業経営者が今でもいますよね。一つの藩を運営していくぶんには、それでも十分です。国全体を統一する指導者としては、西郷の視野の狭さは深刻な欠落でした。

　彼の目には、日本の背後に迫っている欧米列強の姿が見えなかったのです。単純に外国勢力のなんたるかを知らなかったのでしょう。「南蛮人」「毛唐」「蛮族」みたいな感覚で見ていたのではないでしょうか。１８２８年生まれの西郷さんが、明治政府のまわりのメンバーより10歳ほど年上だったのも影響しています。

安部―自刃《じじん》したのは１８７７年だから、亡《な》くなったのは49歳です。当時の49歳というと完全に親父《おやじ》の世代、もっと言うとおじいさんのちょっと手前くらいの感覚でしょうね。

佐藤―明治維新（１８６８年）のときはちょうど40歳です。ほかの人たちはみんな20代、30代でした。このジェネレーション・ギャップは、なかなか埋めがたいものがあったはずです。岩倉使節団のみんなよりもちょっと年を取っちゃっていますから、外部から入ってくる新しい知識を貪欲に吸収することができませんでした。

■睾丸がスイカ大に膨らんでいた西郷隆盛の悲哀

佐藤―年を取りすぎていたことに加えて、西郷さんが岩倉使節団に入れなかった理由がもう一つあります。彼はフィラリアに苦しんでいました。陰茎から寄生虫が入って、フィラリアがかなり進行していて、睾丸がスイカくらいの大きさだったそうです。

安部―それは男としてはかなりつらいなあ。

佐藤―自刃して首をぶった斬ったあと、胴体が誰のものであるかは股間を見ればわかりました。

安部―なるほど。フィラリアで睾丸が腫れているから「これは西郷の胴体だ」と一発でわかるわけだ。

佐藤―股ぐらに三角巾か何かつけないと歩けないような状態ですし、馬になんてとても乗れませんでした。イヌを連れた浴衣姿の銅像が上野公園に建っているのは、そうした健康上の理由があるのです。たとえ岩倉使節団に一緒に参加したくても、病気があるから行けなかったのでしょう。

　歴史学者の山内昌之《まさゆき》先生と対談したとき、山内先生が「西南戦争を起こした要因として、西郷の健康状態も考えないといけない」とおっしゃっていて「なるほどなあ」と思いました。病気によって日常的に負担と強いストレスが覆いかぶさっていると、人は重要な判断を間違えてしまうのです。

安部―フィラリアでさんざん苦しんで、もうつくづく嫌になってしまった。ならば自分は諫死する。政府を諫めて死ぬという意識が強かったのかもしらんなあ。

佐藤―そう思います。当時は人生50年の時代ですから、「もう自分は十分生き尽くした」という思いもあったのでしょう。現在の49歳とは、だいぶ違う感覚だったはずです。

■リーダーの判断を決定的に誤らせる痛風と痔瘻

佐藤―ちょっと話が脱線しますけど、私が情報機関の人と会うときに、北朝鮮の金正恩《キム・ジョンウン》さんの病気についてよく話題にのぼるんですよ。彼らがいちばん注意して見ている病気って何だと思います？　痛風です。痛風の発作は尋常じゃなく痛いんですって。足が痛くてカーッとしているときに、ミサイルを撃つかどうかという決断をするとしたらどうでしょう。痛風は指導者の判断を間違えさせるかもしれません。

　情報機関の人たちが痛風の次に注意しているのは、痔瘻《じろう》です。私は痔瘻もちではないので感覚としてはわからないのですが、痔瘻の人は長時間イスに座っていることができません。会議に集中できず、長時間の説明をじっくり聞くこともできません。

安部―イライラして「もういい」と説明を打ち切って、正確な情報なしに判断してしまう。

佐藤―情報機関の人たちは金正恩さんについて、痔瘻と痛風の有無をよく注意して見ています。足の運び方を見て、痛風の発作を起こしていないかどうか。あるいは座り方を見て「脱《だっ》肛《こう》を起こしているんじゃないか」「痔瘻をもっているんじゃないか」と注意して見ています。

企業でも同じです。年を取った企業経営者やオーナーが、痛風の発作が起きてカーッとしているときに人事を決めたらどうなるか。ワンマン経営をやっているオーナー社長が痔瘻をもっていて、会議中に「ケツが痛え」とソワソワして全然話を聞いてくれない。こういう生々しいディテールが、歴史を見るときに重要なのです。

■現代人に通底する長州藩へのアレルギー反応

佐藤―よく薩摩藩と長州藩は「薩長」とまとめて語られるわけですが、薩摩と長州は全然違います。薩摩の中に「長州に裏切られた」「長州はうまい汁を全部吸いやがって」という思いは強くあり、それは今でも続いているのです。

ちょっと飛躍した言い方かもしれませんが、安倍政権時代に安倍さんを生理的に嫌う人がけっこうたくさんいました。その理由の一つは、安倍さんが山口県出身だということかもしれません。菅《すが》政権になってから支持率は決して高くはないですが、アレルギー反応と言うほど強力なアンチは、安倍さんのときほど多くありませんよね。安倍政権に対する忌避反応の中心に、日本人の中のかなりの部分にある「長州嫌い」の感情が影響しているのではないでしょうか。

安部―司馬遼太郎《しばりょうたろう》さんもそれと同じ趣旨のことを言っていました。

佐藤―民族派右翼の人と話していると、靖国《やすくに》神社が西郷隆盛を祀《まつ》っていないことについて、どうしても引っかかるようです。靖国神社へ参拝しつつも、心のどこかで「ここは所詮、長州の神社だ」という意識がある。長州問題はあちこちでけっこう大きな影響を及ぼしているのです。

安部―長州はいつもダブルスタンダードを平気で通しますからね。第1章でも触れたとおり、下関砲撃の翌日に「長州ファイブ」（5人の留学生）を武器商人グラバーの伝手《つて》でイギリスに送るような連中ですから。政局が動くたびに、平気で二股がけをするのです。

佐藤―長州藩の変節は甚だしい。「外国と国交を結ぶのはおかしい。徳川は征夷大将軍《せいいたいしょうぐん》としての機能を果たしていない」とさんざん難癖をつけて幕府を攻撃しておいて、いったん自分がイギリスと戦って負けたら、コロッと親英派に寝返って「開国だ」なんて言うわけですから。攘夷の思想はいったいどこへ消えたのか。こういう厚かましいほどの長州のプラグマティズム（功利主義）は、朱子学の世界からは出てきません。

安部―それが士族の反乱の一因にもなっているのです。

佐藤——昔前のヤクザ映画だったら「それは筋が違う。筋が通らねえ」と言ってイスから立ち上がるところですよ。

第5章　中央集権体制の確立

明治新政府の中心的理論は
「王政復古」だ。
天皇を中心とした世を作ることで、
国力を一つにする。
もう一つは、重商主義的体制に切り替える。
これが中央集権体制を目指した理由だ。

■王政復古の大号令と重商主義への転換

安部―幕末になって、坂本龍馬《りょうま》や後藤象二郎《しょうじろう》[*1]は「公議政体論」を提起しました。全国各地に散らばる諸藩から有力大名を登用して、連合型の新政府を作ろうという構想です。ところが薩長《さっちょう》維新勢力は異を唱え、幕府を倒して薩長主導の新政府を作ると主張しました。最終的に討幕派が勝ちを制して、薩摩藩《さつまはん》と長州藩主導による明治維新が成立します。

明治維新の中心的理論となったのが、王政復古でした。「王政復古＝律令制《りつりょうせい》の復興」ととらえるとわかりやすいと思います。

佐藤―江戸時代には、朝廷（天皇や公卿《くぎょう》）は統治の実権を握っていませんでした。権力を握っていたのは徳川家の将軍と幕府です。１８６７年、朝廷は「王政復古の大号令」を発表して明治新政府が樹立されました。

安部―明治新政府が、中央集権体制を作る必要に迫られた理由は二つあります。第一に、天皇中心主義の世の中を作ることによって国力を一つにし、諸外国の圧迫に対抗することです。第二に、農本主義体制から重商主義的な体制に切り替えざるをえなかったこともあります。

１８５８（安政５）年に日米修好通商条約を結んでから明治維新（１８６８年）まで10年の間、

日本と外国との貿易はどんどん活発化していきました。開国後の貿易によって、国内の産業構造は目まぐるしく変わっていきます。江戸幕府が採用していた農本主義体制と地方分権体制は、新しい産業構造の中で対応できなくなっていきました。そこで日本を重商主義的な体制に切り替え、中央集権体制に移行する必要があったのです。

佐藤―私も安部さんの認識とまったく一緒です。後発資本主義国である日本は、そうせざるをえませんでした。

江戸時代の終わりに外国貿易が始まると、資本の集積、富の蓄積が少しずつ進んでいきます。農本主義と相性が悪いのが資本主義です。国内の体制は農本主義のままなのに、日本は資本主義の発展に突入してしまった。農本主義と資本主義は水と油みたいなものですから、あちこちがギクシャクしてくるのは当然です。

■日本が植民地化を免れた理由とは

佐藤―これは歴史の「if」ですけれども、もし日本が20年後に開国していれば、アメリカによってフィリピンと同じ目に遭わされていた可能性が十分あります。帝国主義がひしめくあのころに農本主義の日本が開国していれば、後発資本主義国になれずアメリカに呑《の》みこまれ、植民地にされていたかもしれません。たまたまわずかな隙間があったおかげで、日本はアメリカの餌食《えじき》にならず、中央集権体制に移行して植民地化を免《まぬか》れました。

それにしても、明治維新のタイミングで律令制に戻るという発想はおもしろいですよね。江戸時代の日本にとって、清《しん》(中国)は重要なロールモデル(お手本)でした。重商主義に転換するにあたって、１８６８年時点の清はもはやモデルにならなかったわけです。

原武史《たけし》さん(放送大学教授)は「天皇祭祀《さいし》は明治期に作られた新しい近代的な伝統である」『昔から天皇家は続いている』という意識を守りながら、明治の日本は天皇祭祀を近代的に構築していった」という研究を『大正天皇』(朝日文庫)や『昭和天皇』(岩波新書)、『天皇は宗教とどう向き合ってきたか』(潮新書)といった著書で発表しています。

安部―明治維新後の日本は、まさに律令制への回帰のプロセスを歩んできました。

佐藤―東西冷戦終結後、ドイツの社会哲学者ユルゲン・ハーバーマスは「未来としての過去」と表現しました。共時性(同一の時における変化や差異に注目する)の中に未来を見つけることができないのであれば、通時性(対象の歴史的変化を追いかける)の中に未来を見つけていくしかない。過去の中に未来像を見つけようとした結果、日本は時計を逆回しにして律令制を近代的に再解釈し、律令制という「未来としての過去」へ回帰していきました。

■国家神道とイデオロギー

佐藤―１８６９（明治２）年６月の版籍奉還、同年７月の官制改革[＊2]、１８７１（明治４）年７月の廃藩置県と、明治政府は制度的な大転換を次々と断行していきました。それとともに、神道《しんとう》を国内のイデオロギー統合に利用し、日本は国家神道への道を歩み始めます。

　江戸時代までの神道の性格を変えるため、明治政府は仏教徒を寺から分離しようとしました。衆生《しゅじょう》を救う主体を仏・菩薩《ぼさつ》とし（本地《ほんじ》）、神道で言う神々は仏・菩薩の仮の姿ととらえる（垂迹《すいじゃく》）。仏・菩薩は神々や人間という仮の姿として世に現れ、衆生を救う。これが本地垂迹説です。明治政府は神仏分離[＊3]を行い、かなり乱暴な形で本地垂迹説と神仏混淆《こんこう》[＊4]（神仏習合）をつぶしました。

　戦争へと突き進んだ軍部政府は、神道を国教にしようか、それとも国教ではなく臣民の慣習にしようかと悩みます。最終的に、慣習という形で神道を事実上の国教にしました。「慣習だからみんな従え」と言って、仏教徒なのに神札を受けろと強制していったわけです。明治政府が中央集権型のイデオロギーとして天皇を組みこんだことは、昭和20年の敗戦まで強く結びついています。

安部―同感です。

■版籍奉還と全国３００藩の無力化

佐藤―先ほどちらっと述べたとおり、１８６９（明治２）年６月に明治政府は版籍奉還を実施しました。各藩がもっていた土地（版）と人民（籍）を朝廷に返上させ、旧藩主が知藩事に任命されます。知藩事の家禄《かろく》（給料）は現石高の10分の１に減らし、藩士（大名の家臣）の家禄も大幅に削りました。家禄はすべて米で支給します。

　また藩士のステイタスを示す複雑な家格制度を廃止して、藩士は「士」「卒」の２階級にあらためました。

安部―これも中央集権化を進めるための重要なプロセスです。統治権を朝廷に返還させることによって、明治政府は３００諸侯の藩を無力化しました。興味深いことに、明治政府が無理やり「藩を返せ」と言ってすべてを取り上げたわけではありません。１８６９（明治２）年に盛岡藩やその他13藩が「藩を返したい」と言っているくらいでして、藩と明治政府の要求がちょうど合致したのです。

佐藤―戊辰《ぼしん》戦争で冷や飯を食った一部の藩は、借金による深刻な財政危機に陥っていたのですよね。

安部―もはや自分たちだけの力では、返済なんてとてもできない。それくらい借金がかさんでいる藩が、全体の3分の2くらいもあったのです。藩にカネを貸している商人にとっても、版籍奉還は大歓迎でした。各藩に貸している債務が国の債務に付け替えられれば、国に借金返済を迫れますからね。

各藩が版籍奉還に対抗できない客観的状況もありました。戊辰戦争を通じて、維新軍は新しい軍政を敷きます。下級士族を部隊として編成し、ライフル銃を使って戦う軍事体制です。各藩はこの維新軍に協力する形で兵を出しました。戦場では、維新軍の大将の命令に全部従わなくてはいけない。この段階ですでに、各藩の軍事的な主導権も独立権も失われてしまいます。

佐藤―借金まみれで火の車になっていて、藩主たちには財政的な主導権もない。軍事的にも弱い。こういう状況下で、版籍奉還による中央集権化が進んだわけです。

安部―「明治の元勲《げんくん》」と言われる下級藩士たちは、明治政府を作るときに「自分のところの殿様をどう処遇したらいいものか」と思い悩みました。なにしろ西郷隆盛《さいごうたかもり》にしても大久保利《とし》通《みち》にしても、鹿児島に帰れば島津家の言うことを聞かざるをえません。すると機能的な国政なんてできなくなります。

佐藤― 二重忠誠状態、二重権力になってしまいますからね。

安部― 藩主から旧来の権限を奪ってしまわないことには、中央政府の形なんてうまく定まるわけがない。こういった複合的な要因によって、版籍奉還が実施されました。

■軍隊という暴力装置

佐藤― 各藩が軍隊という暴力装置をもっていたことは、藩が地方政府として成立しうるための大きな要素でした。西欧列強から輸入された新しい武器に押され、古い武器しかもっていない藩の軍はどんどん弱体化していきます。新型の軍事力によって、江戸幕府まで敗れてしまいました。

安部さんが先ほどおっしゃったように、江戸幕府が崩壊したのは時代の必然とも言えます。農本主義一辺倒の時代には、米をちゃんと作ることだけを考えていれば、世の中はそんなにメチャクチャなことにはなりませんでした。商品経済への依存度が低いですからね。

さまざまな交易によって商品の交流が活発に行われるようになると、商品は共同体の内部を壊していきます。身分とは関係なしに、カネをもっている人が実質的な力を握るようになるわけです。

　版籍奉還や廃藩置県によって日本が大きく変わったというよりも、変わらざるをえない要素が蓄積し、臨界点に達していました。もちろん今まであった藩を壊すのは、相当なエネルギーが要ります。それでも廃藩置県をやらざるをえないほど、民衆から噴き上がる変換への圧力は強いものでした。

安部―版籍を返したあと、大名や家臣をいきなり無職無給にしなかったのはなかなかです。従来の石高の10分の1ではありますが、藩主は明治政府から給料をもらう権利を手に入れました。

佐藤―統治をマネジメントするわけでもないのに、それだけのものを俸禄《ほうろく》としてもらえる。これはある種の「藩主の旗本化」です。

安部―たしかにそうですね。武家階級は華族（貴族階級）にも登用されました。

佐藤―この構造はヨーロッパの華族制度から借用したというよりも、「維新政府の旗本」みたいな感じですよね。大名を維新政府の旗本にすげ替えちゃった。江戸時代において旗本の石高は少なかったですが、将軍家に近いということでステイタスは高かった。藩主を旗本にしてしまえば、彼らのプライドを損ねることはなかったのです。

■『学問のすゝめ』とサミュエル・スマイルズ『自助論』

安部　版籍奉還によって藩主がいきなりステイタスを失うことなく、知藩事として上の立場に祀《まつ》られる。俸禄収入はもらえるし、借金は全部政府が肩代わりしてくれる。責任がドン！と軽くなるわけですし、藩主に不満はなかったと思います。

佐藤　江戸末期、若くてエネルギーがある人材は、各藩で抑えつけられてくすぶっていました。版籍奉還と廃藩置県によって、その若い人材に自己実現の可能性が見えてきます。今までがんじがらめになってきたしがらみから抜け出して、自分の力によって上へ上へと這《は》い上《あ》がれる世の中が到来しました。

１８７２（明治５）年から１８７６（明治９）年にかけて、福澤諭吉[*5]は『学問のすゝめ』を発刊します。〈天は人の上に人を造らず人の下に人を造らず〉から始まるこの本は、明治初期の若い人材にとって希望の灯火となりました。

１８７０〜71（明治３〜４）年には、イギリスのサミュエル・スマイルズが書いた『Self Help』（自助論）が『西国立志編』（中村正直訳）というタイトルで日本語に翻訳されます。〈天は自ら助くるものを助く〉という有名な一節がありますけれども、この本も明治初期の日本で大きな反響を巻き起こしました。

安部―士農工商の身分固定制度をぶっ壊して、四民平等を実現したい。農本主義と公地公民制を全部壊さなければならない。江戸幕府の体制を解体・再編成する最初の第一歩が、明治政府の版籍奉還でした。版籍奉還が歓迎される中、『学問のすゝめ』や『西国立志編』といった文献によって人々の意識は目まぐるしく変わっていきます。

■五箇条の御誓文と明治新政府

安部―1868（慶応4）年3月、明治天皇は「五箇条の御誓文[*6]」を発表しました。第1条〈広く会議を興《おこ》し、万機公論に決すべし〉を受け、同年閏4月に政体書が発令されます。これにより、上局[*7]と下局[*8]によって構成される公議所（立法機関）が設置され、太政官《だじょうかん》[*9]に権力を集中する体制ができました。

1869（明治2）年7月には、太政官制改革によって公議所が廃止され、集議院（議事機関）が設置されます。太政官（左右大臣・大納言《だいなごん》・参議）、民部省や大蔵省の要職には親王、公卿、薩長土肥（薩摩藩、長州藩、土佐藩、肥前藩）の藩士がつき、他の旧藩主は要職から退けられました。薩長土肥の藩士ばかりが要職に就き、専制化の傾向が一気に強まっていきます。

先ほど佐藤さんがおっしゃった、明治天皇を中心とする国家神道《しんとう》の体制作りを、制度的に保障する体制が完成したわけです。祭政一致の体制と、王政復古の体制を具体化しようというわけです。官職名は律令制度の時代に戻し、神祇官《じんぎかん》[*10]を太政官の上に置いたのが典型でしょう。天皇に直属した者の命令が、すべてに優先する。官制改革は、天皇の神格化を進める過程の第一歩でした。

■タリバンの仏像破壊と同じことが秩父で起きていた

安部―神仏分離と廃仏毀釈《はいぶつきしゃく》[*11]によって、明治政府は旧幕府に協力していた寺院を徹底的に否定していきました。僧侶が得ていた地位は全部神社の神主に与え、神主の国民に対する影響力を拡大させていきます。神祇官と神主は全国へ出かけ、大教宣布を説教して回りました。

佐藤―大教宣布とは、祭政一致と國體《こくたい》強化を目指す教化政策です。

安部―「今までの仏教尊崇《そんすう》はおかしい。仏教は古い幕府を支えていた反動勢力だ」「神道こそが、これからの国家を支える思想なのだ」と言って、仏教を否定する宣伝を繰り広げました。

佐藤―この大教宣布は失敗に終わります。死の問題を私的領域に追いやり、公であるところの神道は、死の問題を担《にな》わない。私事である死の問題は、伝統的な仏教が今までどおり担う。

このやり方では、寺院による檀《だん》家《か》制度を切り崩し、神社による氏子制度に切り替えようとしたところで無理に決まっています。

墓は相変わらず寺にあるわけですし、死後の世界について包括的な世界像を提示できるのは仏教です。「死後の世界はどうなっているのか」と訊《たず》ねても、神道では黄泉《よみ》の国みたいな扱いになっていて、なんだかよくわかりません。

安部―そもそも神道は、死後の世界について関心がないですからね。

佐藤―神仏分離をしたあと、仏教と神道の間である種の棲《す》み分《わ》けが生まれました。国家神道に抵抗さえしなければ、既存の仏教教団が何をしようが構わないという形になったのです。こうして神仏分離のあと、寺院勢力は息を吹き返しました。

安部―ただし地方によっては、猛烈な廃仏毀釈が起こった地域もあります。革命に伴うタリバンの仏像破壊のようなことが起きました。

佐藤―埼玉県秩父《ちちぶ》の札所（霊場）へ出かけると、あそこの石仏はみんな首がセメントで接着されているのです。「どうしてこうなっているんですか」とお坊さんに訊《き》くと「廃仏毀釈のときに石仏の首を全部斬り落とされた」と言います。

安部―タリバンは爆弾で仏像を破壊したりムチャクチャなことをやりましたけど、明治期の日本でも同じことが起きていたのですよね。

■ 廃仏毀釈に失敗した奈良・吉野

安部― 島根半島沖の隠岐島《おきのしま》も、廃仏毀釈がものすごく激しかった地域です。寺院を敵と規定して、寺からの略奪を許す。そうすることによって、民衆から噴き上がる不満のエネルギーをガス抜きしました。隠岐島の寺の住職が石仏を背負って逃げて、地下の倉庫に隠す。「そのおかげで、なんとかこれだけは残っております」なんて例がけっこうあるのです。

佐藤― 廃仏毀釈がまったくうまくいかなかった地域は、奈良の吉野《よしの》くらいでしょう。神仏分離は全国的な命令だったのに、吉野の寺院は「神社を造れ」と言われても応じなかったのです。「神社にするくらいならウチは廃業する」と言って旅館にしちゃったところもあります。だから吉野の旅館に泊まると、元寺院が今でもけっこう多いのです。

　吉野山では、かつて源義経《みなもとのよしつね》や後醍醐《ごだいご》天皇も暮らした吉水院《よしみずいん》一つだけが、吉水神社と名を変えて残っています。ただしこれは政府が認定した官幣《かんぺい》大社ではありません。ちなみに官幣大社である吉野神宮は、後醍醐天皇を祭神として祀っています。ただし吉野神宮は山の麓にあるのです。吉野では官幣大社は山に上がれませんでした。

安部―吉野では神社の格が低いのですね。

佐藤―「大楠公《だいなんこう》」で謳《うた》われるように、吉野には南朝の伝統が色濃く残っています。独自の伝統と文化、ネットワークがあるため、ここは国家神道が入りこめない特異な土地だったのです。

安部―江戸時代は神仏習合でしたから、神社も寺も一緒でした。住職も神主もどっちも兼任して「別当」と呼ばれていたものです。

佐藤―奈良の春日《かすが》大社と興福寺なんて、江戸時代には一体でしたからね。

安部―明治時代になってから、その寺と神社を無理に分けたのです。廃仏毀釈がいつから始まり、いつ終わったのかは今でもちゃんと研究されていません。明治維新史の一つの狂気とでも言いましょうか、民衆の暴動とごっちゃになって進んでいきました。

佐藤―寺は寺社奉行の管轄下にあり、町方とは別でした。市《いち》を自由に開くこともできましたし、特権を楯《たて》に富を蓄積していきます。彼岸になったら勝手にやってきて経を読んで供養《くよう》を取るとか、塔婆供養を半永久的にむしり取り続けるとか、既成の仏教教団はカネ儲《もう》けに走りすぎました。それは民衆から恨まれるに決まっていますよね。

■学制改革と能力主義

安部― １８７２（明治5）年8月には学制改革もなされました。全国を八つの大学区に分け、一つの大学区の中に32の中学区が、一つの中学区の中に２１０の小学区が線引きされます。下等小学校（4年）、上等小学校（4年）、下等中学校（3年）、上等中学校（3年）、大学までの一貫した教育体制ができあがりました。

佐藤― メリットクラシー（meritocracy ＝能力主義）の導入です。初期の明治政府は、薩長土肥の下級藩士ばかりを登用していました。でも薩長土肥の人材だけでは、とても統治機構は回りません。

薩長土肥とは関係なしに、優秀な人材であればどこの出身でもかまわない。全国からとにかく記憶力の良い青少年を集めてきて、記憶力のテストをやる。高い点数をはじき出す人材を学校教育に送りこみ、卒業後に2年とか短い期間で育成して、いきなり郵便局長や警察署長や税務署長にしてしまうのです。あとは働きながらＯＪＴ（On-the-Job Training ＝実務訓練）で仕事のやり方を覚えていけばいい。こういうスタイルに変えたのです。

安部― こういう促成栽培をよしとする風潮は、今の日本の教育にも通じますね。

佐藤―今も禍根を残していると思います。なぜ明治の学制改革がこういうスタイルになったのか。日本が後進国だったからです。資本主義システムの後進国で有能な人材を見つけるためには、記憶力を基準にするのが一番手っ取り早い。記憶力と情報処理能力が高い子どもは、テストでハイスコアを取れます。点数が高いほうから順番に人材を採っていく。学制改革に伴って、こういう人事のやり方がまかり通っていきました。

■薩摩・長州出身者が出世を阻む「ガラスの天井」

佐藤―ただし学制改革によって、統治機構の人事に公平性が担保されたわけではありません。二重構造が残っていまして、相変わらず薩長土肥の出身者、とりわけ薩摩と長州の出身者が早く出世していくのです。先輩・後輩関係の引きで、薩長の出身者のほうが出世が早い。夏《なつ》目《め》漱石《そうせき》や新島襄《にいじまじょう》、内村鑑三《うちむらかんぞう》みたいな旧佐幕派の人たちは、高等教育を受けても人事で上がれる天井が決まっていました。

安部―現在欧米で問題視される「ガラスの天井」(glass ceiling =女性や少数民族の出世を阻《はば》む見えない壁)というやつですね。

佐藤―私が学生のころは、まだ指定校制度が残っていました。偏差値が高い特定の大学の出身でなければ、企業の入社試験を受けられない。学校の名前によって、企業が入社試験に絞りこみをかけていたのです。今ではそんな差別的な対応を公然とはしないことになっていますが、出身校による絞りこみは依然として残っています。

官僚を目指す人、三井物産や伊藤忠商事のような総合商社を目指す人、新聞記者になりたい人はOB・OG訪問をしますよね。その会社に先輩が誰もいなければ、訪問する先がないから学生に情報が入りません。先輩訪問というある種の特権が残っているせいで、入社試験に一種の縛りがかかっているのです。

これは明治に入っても残った薩長体制と似ています。試験制度は平等であるものの、薩長の先輩がいれば役人の出世が早い。ただし先輩・後輩の関係だけで人事を決めていくと、能力が伴わない場合があります。明治期の日本では、薩長の人脈によって人材を引き上げる。と同時に、メリットクラシーによって選んだ優秀な人材を促成栽培で育てる。両方合わせて二重構造でやっていったのが、日本の特徴です。

安部──旧幕藩体制を否定したあと、そういう体制を採らざるをえなかったのですよね。旧幕藩体制では、伝統的な学問をきちんと学んで鍛錬を積んだ人たちが要職を占めていました。その人たちが統治に長《た》けていたのは当然です。

なのに旧幕藩体制で要職を務めていた人たちを、明治政府は一斉に排除してしまいました。あえて言えば、社長から部長まで全部追放したあと、平社員を集めて「なんとかこの会社を新しい体制に作り直そう」と突貫工事をやったようなものです。

戊辰戦争のときに奥羽越《おううえつ》列藩同盟に入っていた東北地方の人たちは、昭和20年の敗戦まで非常に不利益な扱いを受けていました。役人になっても出世できない。だから学問で身を立てるしかない。あるいは役人とは別の職業を選ぶ。なにしろ日本軍の内部でも、陸海軍で大将になった人数は薩長の出身者が圧倒的に多いのです。

佐藤　特に長州藩出身者が多いですよね。山縣有朋《やまがたありとも》のネットワークがありましたから。

安部　静岡にいる僕の知り合いに、士官学校を卒業して士官になった人がいたんですよ。薩長出身の上官から「お前は静岡の出か。家康《いえやす》の出身地やな」なんて言われていじめられる。「あんな家康のようなやつはなあ」とさんざん悪口を言うもんだから「何を言うか！」と反論すると、上官からぶん殴られたそうです。

薩長の出身者は上官の部屋にしょっちゅう呼ばれて「まあ一杯飲め」なんて高待遇を受ける。そいつらのほうが先に出世していくのだそうです。その人は僕が書いた『維新の肖像』を読んで「長年の胸のつかえが取れました」と言っていましたよ（笑）。

■奥州出身の石原莞爾と南部藩がルーツの東條英機

安部―軍隊について付言すると、満州建国に奔走した軍人には奥州《おうしゅう》出身者が多いのです。石《いし》原莞爾《はらかんじ》[＊12]もそうでした（山形県出身）。なぜかというと、中央では薩長の出身者が世襲制度のように人事をがっちり押さえています。そいつらよりもはるかに優秀な人材がいることは、薩長閥の連中もよくわかっていました。「あいつにはかなわない」とわかっているから、薩長閥の人間は奥州出身者をヨソに飛ばしてしまうのです。

佐藤―その人たちの行き先が満州だったのですよね。

安部―優秀な人材は中央に置かず、僻地《へきち》の関東軍に異動させられました。しかも陸軍と海軍は一切協力しない。「山縣有朋の長州藩」対「薩摩藩の海軍」みたいないびつな構造が国を誤らせ、日本の敗戦につながっていきました。

佐藤―裏返して言うと、山縣有朋や長州閥の影響がなくなった結果がメリットクラシーです。その中でえらく記憶力が良くて、メモ魔である東條英機《とうじょうひでき》[＊13]が台頭してきました。東條英機本人は東京出身ですけれども、お父さんは南部藩（盛岡藩）出身です。薩長とはまったく関係ない人が軍人のトップ、国のトップになったのは能力主義の結果でした。

なぜメリットクラシーによって、東條英機のような人材が出てきたのでしょう。答えは簡単です。１９０５年の日露戦争終結以降、１９３９年のノモンハン事件[*14]に至るまで日本は本格的な近代戦を戦っていません。日本は第１次世界大戦（１９１４〜18年）にも参戦しませんでした。34年間も近代戦をやっていなかったのです。34年間といったら、軍人のほぼ一生ですよね。

この34年間、軍人の能力をどうやって測ったのでしょう。まず決済書を上手に書けるかどうか。うまい計画を立てて、演習を上手に回せるかどうか。上官との関係が良好か。人格円満か。こういった観点が評価対象なので、切った張ったの経験がない人間が幹部に上がっていき、軍人が完全に官僚化していったのです。

「カミソリ東條」と言われた東條英機は、事務処理能力が非常に高い人物でした。しかも首相になってからも頭《ず》が高くない。北海道に出かけると、彼はゴミ箱を開けて中身を見たそうです。ゴミの様子を見て、民衆がどれだけ困窮しているかを確かめました。それだけ民衆に近かった人が、憲兵を使って民衆を大弾圧していった。能力主義の暴走です。

安部―成績優秀者が、必ずしも優秀な軍人とは限りません。戦時中、日本軍の実働部隊と大本営は完全に分離していました。実戦をまるで知らない軍人が作戦を立てるものだから、インパール作戦[*15]みたいにバカげた机上の空論を選んでしまった。明治の学制改革と昭和20年の敗戦は、一直線につながっているのです。

■富国強兵のために必要だった学制改革

安部―学制改革は、まさしく富国強兵のための人材作りでした。昔通っていた小学校を思い出してみてください。校舎のモデルは兵舎なんですよね。

佐藤―工場、兵舎、学校は造りが同じですからね。そこではみんな揃《そろ》って画一的なことをしなければいけない。

安部―授業が始まるときと終わるときに、先生が「起立！」「礼！」「着席！」と命令します。詰め襟の学生服やセーラー服なんて、陸軍や海軍の軍服そのものですよ。軍隊教育によって優秀な軍人を育て、富国強兵化を進める。優秀な銃後の母を育てる。これが学制改革の第一の目標でした。

　学制改革の第二の目標は、国民の意識改革です。国家神道を教えこみ、現政権の正当性を教えこむ。

　第三の目標は、近代人としての自己啓発です。フランスやアメリカの教育思想を取り入れて自己実現を進め、近代的人間を育てる。学制改革には、富国強兵に向けたこの三つの基本が詰まっています。

佐藤― 私もそう思います。初等中等教育が、まさに安部さんがおっしゃる形で設計されました。そのあとの高等教育は、明治初期の段階では専門学校優位でしたよね。そのかわり、各役所にくっついている附属校が難関でした。司法官になるのだったら司法省法学校でした。夏目漱石が入ったころまで、東京大学に入るのはそんなに難しくありませんでした。

　リベラルアーツ的に全般的な教育をしたほうが、人材が確実に育つ。人々がそう気づいて、東大に高等教育の機能を集約させるようになったのは、少し時間を置いてからです。中央集権国家を統治する役人を、促成栽培によって一気に育てていく。とともに、国家のための教育の枠内で学生に競争させて、自己実現を図る。こうしたうまいコンビネーションを作りました。このあたりは竹内洋《よう》さん（社会学者、京都大学名誉教授）が詳しい分野です。

安部― こうした教育は、今の受験競争に引き継がれています。「末は博士か大臣か」なんて言って、大人は子どもたちをさんざん煽《あお》ってきましたよね。こうした点では完全に個人主義です。

佐藤― 山村で生まれ育った子どもでも、成績優秀であれば大学教授にもなれれば、政治家にだってなれる。学校教育に競争と自己実現が吹きこまれました。

安部―江戸幕府の体制の中では、個人なんてなかったと言ってもいいくらいです。人間の存在は、集落や村落共同体の中の一部という位置づけでしかありませんでした。江戸時代には「オレ、農民やめて学者になるわ」なんてことは許されなかったわけです。明治維新は国民に職業選択の自由を与えました。

教育によって、優秀な人材を中央に採り上げていく。東大に行かせて官僚に仕立て上げ、工科大学に行かせて技術者に育てる。明治の学校教育は、津々浦々に散在する優秀な人間を上に吸い上げるシステムとして機能したのです。

■ 新聞紙条例と讒謗律、大逆事件

安部―自由を謳歌《おうか》する精神を知ったことによって、権力と鋭く対峙《たいじ》する知識人が現れてきたことも明治期の特徴です。

佐藤―権力に反対する知識人が一定層いる中、いろいろな仕掛けを作って、その人たちが滞留して塊《かたまり》になるのを防ぎました。

安部―1874（明治7）年に板垣退助《いたがきたいすけ》は民撰《みんせん》議院設立建白書を提出し、自由民権運動が高まりました。すると1875（明治8）年に新聞紙条例[16]と讒謗律《ざんぼうりつ》[17]を作り、明治政府への批判を禁止する言論統制を敷きます。一方で、参議を辞めた板垣退助を大阪会議[18]によって復帰させ（1875年）、権謀術数《けんぼうじゅっすう》によって自由民権運動による体制批判を防いでいきました。

佐藤—1882（明治15）年の福島事件[19]、1884（明治17）年の秩父事件[20]といった激しい衝突を経て、自由民権運動はしぼんでいきます。1910（明治43）年の大逆事件[21]は、明治期の反体制運動としては例外的に大きなものでした。アナーキスト（無政府主義者）の幸徳秋《こうとくしゅう》水《すい》[22]たちが明治天皇の暗殺を計画し、24人に死刑が宣告されます。

　大逆事件は「主義者とはなんと怖いのだ」と人々を震え上がらせました。幸徳秋水のグループを除くと、明治・大正期に政府に真っ向から対抗する体制を作れたのは、1922（大正11）年設立のコミンテルン（共産主義インターナショナル＝国際共産党）日本支部（現・日本共産党）くらいです。

安部—先祖を大事にする。地域を大事にする。これが江戸幕府による農本主義体制の基本でした。それをいったんぶち壊し、国民の意識改革と思想改革を進める。これが学制改革の目的でした。

佐藤—私もそう思います。同じ時間に兵舎のような学校にみんなが集まり、全国一律の国定教科書を使って同じカリキュラムで勉強を教えていく。するとと教育を通じて、ベネディクト・アンダーソン（アメリカの政治学者）が言うところの「想像の政治的共同体」（imagined political communities）が生まれるのです。会津藩や薩摩藩、土佐藩といった枠を超える国民意識、「私は日本人である」という意識が初めて生まれました。

安部―こうして明治政府は国民国家を作ろうとしたのです。

佐藤―1873（明治6）年には徴兵令も出されました。これによって、満《まん》20歳を迎えた男性に兵役の義務が課せられます。

安部―「士農工商はもう崩壊した。これからの日本は四民平等の世の中を作るのだ」「『学問のすゝめ』に書かれているように、これからは努力した人が報われる。誰でも立身出世を遂げられる。我々の手でこの国を自由に変えていかなくちゃならないのだ」という考え方が広がっていきました。

解放感に満ちた時代であると同時に、一方では徴兵による国民皆兵主義を採ったのです。

■米食のせいで陸軍で流行した脚気

佐藤―徴兵制度は「我々は国民国家の一員である」という意識を根づかせるために、絶大な効果を発揮しました。なにしろ軍隊ではみんな同じものを食べさせますからね。

安部―日本海軍の海軍カレーは、今でも海上自衛隊の伝統として引き継がれていますね。

佐藤―明治期の陸軍では脚気《かっけ》が深刻化しました。白米が原因です。みんなそれまでは玄米を食べていたのですが、「軍隊に入ったらおいしい白米を食べられるんだぜ」と言われて、精米した米を喜んで食べ始めました。そのせいでビタミンB_1が欠乏し、脚気が多発したのです。

　海軍は早いうちに異変に気づき、パン食を取り入れました。ですから海軍では脚気は広がっていません。陸軍では「脚気は伝染病だ」とずっと思われていました。白米に麦を混ぜるようになってから、ようやくビタミンB_1の欠乏は収まります。

安部―江戸時代には白米は高級品でした。兵役で初めて白いお米を食べた人も多かったことでしょう。

佐藤―「肉なんて軍隊に入って初めて食べた」「豚カツなんて食べものがあるのか」と言う人は、昭和期にもけっこういました。身分によって食べるものが違った時代が終わり、軍隊ではみんなで同じ釜の飯を食う。食の上での平等がある。これは連帯感が強まりますよね。軍隊では、着るものも同じ制服です。カネ持ちがいい服を着て、貧乏人はつぎが当たったボロを着るわけではありません。

安部―江戸時代には、武士にあこがれたところで農民は武士にはなれませんでした。努力と才能次第で、誰でも公平平等に立身出世できる可能性が開けたのです。

佐藤―江戸時代なんて、1600年の関ヶ原の戦いをずっと引きずっていましたからね。「お前の先祖はあのとき足軽だったんだ。恨むんだったら祖先を恨め」なんて言って、完全に固定化された身分制度がそのまま継承されていきました。

安部―「国民国家への統合」とともに、「武士階級の解体」が徴兵令のもう一つの側面です。武力を行使して「この藩を守っているのはオレたち武士だ」と威張っていた特権を、廃藩置県によってなくしました。近代軍隊では、武士の職制なんてまったく役に立ちません。その事実は、ライフル銃ひとつで簡単に証明されました。

となると、武士たちがもっていた特権を奪うと同時に、武士に替わる新たな武力を創設しなければいけません。廃刀令と徴兵令は、武家出身者を追い詰めていきました。

■ にじり寄る帝国主義の時代

佐藤―江戸時代には、武力を行使できる勢力は限定的でした。徴兵令を作ったあとは、全人民が武装可能な状態です。銃を使えるノウハウをみんなに与えちゃうわけですから、刀狩りの逆ですよね。ひとたび反乱が起きると、誰でも武器を手に体制を攻撃できてしまう。そうさせないために、強烈なイデオロギー教育と国民統合システムが必要でした。

安部―軍事力によって幕府を倒した薩長土肥の人たちは、軍事力に頼って明治政府を強化しました。「これは天皇の命令である」と言いながら、武力によって国民国家を統合していきます。

佐藤―明治政府は錦の御旗を掲げました。

安部―明治初めに、天皇の正式な礼服が軍服に変わります。天皇自ら軍服を着て日本を統治する。これこそ明治政府が軍事政権そのものだった象徴でしょう。

佐藤―当時、植民地もしくは半植民地になっていなかった国は、日本に限らずことごとく全部軍事政権です。イギリスとアメリカは民主主義国ではありましたが、その背景には強い軍事力がありました。明治維新後の日本は、帝国主義の時代に巻きこまれつつあったのです。

安部―子どもってものすごく怖いものに出会うと、相手の真似《まね》をしますよね。ナマハゲに出会ったら、泣きながらナマハゲの真似をしちゃう。無意識のうちに同化精神が働き、同化することによって身を守ろうとします。

僕は明治維新もこれと同じじゃないかと思うのです。ムチャクチャなことをやっている西洋列強の連中が、日本に迫ってくる。すると「１日も早くあいつらのようにならないと、自分たちはやられてしまう」と危機感に駆られたのではないでしょうか。

佐藤―危機は極めて現実的でした。人から食われないようにするためには、自分が先に人を食ってしまうしかない。「食うか食われるか」という帝国主義の時代でした。怖いのは、今もそういった時代になりつつあることです。

安部―同感です。２０２１年の世界は、明治時代と極めて似ていると思うな……。

■田畑永代売買禁止令

安部―敵意とエゴイズムから離れた統治体制をいかに確立するかが、江戸幕府のメインテーマでした。江戸幕府は、武士道を通じて武士たちに徹底した倫理教育を施します。教育に基づく軍事力です。明治の徴兵令によって、「教育に基づく軍事力」が「教育のない軍事力」に変わっていきました。

佐藤―なるほど。

安部―江戸幕府が採ったもう一つの重要な政策は、エゴイズムの克服です。１６４３（寛永

20）年、江戸幕府は田畑永代売買禁止令[*23]を出して土地の売り買いを禁止しました。個人の所有を極力少なくして、貧富の差を縮めていく。これが江戸幕府の基本政策です。

佐藤―江戸幕府は参勤交代によって各藩の貯金を浪費させて、資本を蓄積できないようにしました。

安部―そうやって使ったカネは、回り回って庶民のもとに行きました。1872（明治5）年に田畑永代売買禁止令が廃止されると、そこから土地を売り買いできるようになります。これは明治政府の基本政策である王政復古と矛盾するのです。すべての国土は天皇の土地であるはずなのに、その土地を勝手に売買していいのか。こういう問題も出てきました。

佐藤―土地の売買を自由化したことに伴って、固定資産税を取れるようにもなりました。大地主になればなるほど、お上に支払う税金が多くなる。総元締めは明治天皇です。天皇家は、日本における最大の大地主でした。

■地租改正と百姓一揆

安部―1873（明治6）年7月、地租改正が実施されました。藩ごとに異なっていた租税率は、地価の3％に統一されます。それまで税金は、江戸時代に引き続き米によって納めていました。米納《べいのう》による租税だと、豊作と凶作の年で税収が変動してしまいます。そこで現金による租税に方式をあらためました。

明治政府の税収の源は、土地にかける地税です。１８７１（明治４）年の歳入合計が５０４５万円、通常歳入が２４４２万円、このうち地税は２００５万円でした。

佐藤―つまり通常歳入の82％が地税だったわけですね。

安部―その地税を確実に取れなければ、どうしようもない状態でした。明治4年の段階で、政府は何に一番オカネを使っていたのでしょう。秩禄《ちつろく》処分された藩主と士族への失業手当が32％です。税収の３分の１を失業手当に使っていたのですから、すごい金額ですよね。これではとても革命政府とは言えません。

それから陸海軍の軍事費が19％でした。ほかには鉄道・電信・灯台などのインフラ整備や、調達基金の返済です。明治維新のとき、政府は豪商に「カネを出してくれ」と頼んでいっぱい借金をしています。明治政府はその借金を律儀《りちぎ》に返済していました。

これらの支出を合わせると、総予算の８割以上です。これでは社会福祉に使う予算なんてビタ一文残りません。なんとしてでも効率の良い税収入を確保し、財源を豊かにして、まずは近代化のための殖産興業と陸海軍の強化をやっていかなければいけませんでした。当然、税収をどこから取るのかが最大のテーマです。

佐藤―そこで「土地を売買していいよ」と解禁した。

安部―地価の３％を、毎年所有者から税金として取る制度を作り上げました。税金は地価の３％だけではありません。地方税など、ほかにも税金はいっぱいくっついてきます。すると「どうも江戸幕府のころより負担が重くなってきたぞ」と不満が募り、各地で一斉に百姓一揆が起きました。それが後に、豪農による民権運動にもつながっていきます。

佐藤―大規模な百姓一揆を受けて、１８７７（明治10）年に地租が３％から２・５％に軽減されました。

■税の逆進性と反対給付

佐藤―税というのは、今も昔も本当に大変な問題です。地租改正による影響は、今も色濃く残っていると私は思います。明治時代に根づいた「お上は税金をもっていくだけで、何も反対給付がない」「税金を取られるだけで福祉がない」という価値観を、そろそろ変えなければいけません。

消費税を５％、８％、10％と上げていくたび、日本では常に「消費税は逆進的だ」という議論になりますよね。消費税として取ったオカネを、政府がどうやって再分配しているのか。そこまできちんと見なければ、消費税が逆進的かどうかはわかりません。増税しても、そのぶんを教育費の無償化に回せば福祉は充実します。反対給付が何もなければ、消費税は１００%逆進的です。

安部―消費税を財源として子育て支援や介護を充実させれば、逆進性は緩和されます。

佐藤―そういう側面に目を向けず、減税をスローガンに掲げて突き進めばどうなるのか。減税とは富裕層をより豊かにする政策です。手元に可処分所得を多く残しておきたい富裕層向けに減税を進めれば、福祉が薄くなって中産階級の生活はますます苦しくなります。

明治時代に根づいた「お上は税金をもっていくだけで、何も反対給付がない」という価値観を転換しなければ、福祉国家なんていつまで経《た》っても作れません。地租改正による負の影響は、現代社会にも色濃く残っているのです。

■森鷗外『かのように』と夏目漱石「現代日本の開化」

安部―明治の文豪と言われる夏目漱石と森鷗外《もりおうがい》[*24]が、奇《く》しくも同じところに鋭いことを言っています。森鷗外は１９１２（明治45）年に『かのように』という小説を発表しました。この小説は、ドイツでプロテスタント神学を学んできた五条秀麿《ひでまろ》が、神話と歴史学の関係について思い悩む話です。少し長くなりますが、小説の一節を引用します。

〈今の教育を受けて神話と歴史とを一つにして考えていることは出来まい。世界がどうして出来て、どうして発展したか、人類がどうして出来て、どうして発展したかと云《い》うことを、学問に手を出せば、どんな浅い学問の為方《しかた》をしても、何かの端々《はしはし》で考えさせられる。そしてその考える事は、神話を事実として見させては置かない。神話と歴史とをはっきり考え分けると同時に、先祖その外《ほか》の神霊の存在は疑問になって来るのである。そうなった前途には恐ろしい危険が横《よこた》わっていはすまいか。一体世間の人はこんな問題をどう考えているだろう〉（『鷗外全集 第十巻』岩波書店）

佐藤―「神話は歴史ではない」というわけですね。

安部―ええ。次のような一節もあります。

〈人間のあらゆる智識《ちしき》、あらゆる学問の根本を調べてみるのだね。一番正確だとしてある数学方面で、点だの線だのと云うものがある。どんなに細かくぽつんと打ったって点にはならない。どんなに細くすうっと引いたって線にはならない。どんなに好《よ》く削った板の縁《ふち》も線にはなっていない。角《かど》も点にはなっていない。点と線は存在しない。例の意識した嘘《うそ》だ。しかし点と線があるかのように考えなくては、幾何学は成り立たない。あるかのようにだね〉

〈宗教でも、もうだいぶ古くシュライエルマッヘルが神を父であるかのように考えると云っている。孔子もずっと古く祭るに在《いま》すが如《ごと》くすと云っている。先祖の霊があるかのように祭るのだ。そうして見ると、人間の智識、学問はさて置き、宗教でもなんでも、その根本を調べて見ると、事実として証拠立てられない或《あ》る物を建立《こんりゅう》している。即ちかのようにが土台に横わっているのだね〉（同）

五条秀麿は「かのように」——あたかもそれが真実であるかのように振る舞うしかなくて、苦悩している。この小説を通して、森鷗外は明治政府による教育も国家神道も両方厳しく否定しているのです。

佐藤—なるほど。興味深い指摘です。

安部――一方で夏目漱石は、１９１１（明治44）年に和歌山で「現代日本の開化」という講演をやっています。この講演の中で、次のように言っているのです。

〈現代日本の開化は皮相上滑《うわすべ》りの開化であると云う事に帰着するのである。無論一から十まで何から何までとは言わない。複雑な問題に対してそう過激の言葉は慎《つつし》まなければ悪いが我々の開化の一部分、あるいは大部分はいくら己惚《うぬぼ》れてみても上滑《うわすべ》りと評するより致し方がない。しかしそれが悪いからお止《よ》しなさいと云うのではない。事実やむをえない、涙を呑《の》んで上滑りに滑って行かなければならないと云うのです〉（「現代日本の開化」https://www.aozora.gr.jp/cards/000148/files/759_44901.html）

明治時代を通じて行われた現代日本の開化は、上《うわ》っ面《つら》を滑るかのように日本人の本性とは違ったところへ向かってしまいました。明治期の文豪二人が、口を揃えて日本の学制そのものの、教育のあり方そのものを批判しているのです。

第6章　自由民権運動とテロリズムの時代

中江兆民らの自由民権運動と、板垣退助らの
運動は完全に切り離して考えるべきだ。
板垣らの運動の本質は権力闘争だった。
民衆不在の自由民権運動を進めた結果、
民衆の力は民衆宗教に
向かったことに着眼すべきだ。

■ 中江兆民が見たパリ・コミューン

安部―明治政府が中央集権化と専制化を強める中、中江兆民《なかえちょうみん》、植木枝盛《うえきえもり》[＊1]、大井憲太郎《けんたろう》[＊2]による自由民権運動が起こります。彼らの理論的支柱となったのは、ルソーやモンテスキュー、ヴォルテールによるフランスの啓蒙《けいもう》思想[＊3]です。

　土佐藩出身の中江兆民は、長崎や江戸でフランス語を学んだあと、１８７１（明治４）年からフランスへ留学しました。

佐藤―フランス留学中、パリ・コミューン（労働者階級による革命政権）成立を見た経験は大きかったですね。

安部―僕もそう思います。留学中に「ああ、世の中はこんなふうに変わるのだな」と実体験したことは、のちの彼の活動に大きな影響を与えました。

佐藤―彼はフランス語がとても上手でした。

安部―１８８２（明治15）年にはルソーの『社会契約論』に『民約訳解』という題をつけて翻訳しています。フランスの思想家に関する中江の教養は、明治の日本人に大きな影響を与えました。

佐藤―中江兆民、植木枝盛、大井憲太郎の３人の中で、中江が決定的に重要だと私は思います。江戸の封建体制を打破することによって、自由はかなり獲得されました。しかし自由のもとでは格差が広がっていきます。兆民はヨーロッパにある平等という思想に着目しました。

１８８７（明治20）年、彼は『三酔人経綸《けいりん》問答』という著書を発表します。啓蒙的な方法によって、いかに民権が重要なのかを人々に訴えました。

安部―「洋学紳士」と「豪傑君」「南海先生」がお酒を飲みながら、日本が進むべき道について語り合う名著ですよね。

■ユーモアの中江兆民と弟子・幸徳秋水

佐藤―１８９０（明治23）年、中江兆民は第１回衆議院総選挙に出馬して当選しました。選挙に出馬するにあたり、彼は本籍を大阪の被差別部落に移します。「四民平等と言うが、差別は現実に残っているではないか」と憤慨する中江は、被差別部落の代表として議員になりました。その翌年に「自分はアルコール中毒なので、もはやまともな判断ができない」というふざけた理由によって、議員を辞職してしまいます。

中江兆民は過激な思想の持ち主ではありませんでした。いたずらに暴発していく民権運動は、彼は好きではなかったと思うのです。なにしろ中江兆民にはユーモアのセンスがあります。

ユーモア（humor）という英語の原義はフモールといって、人間の体質や気質を決めると考えられていた4種類の液①blood（血液）②phlegm（痰《たん》）③black bile（黒胆汁）、④yellow bile（胆汁）のことです。人間の健康は4つの体液から構成され、どれか一つの量が基準値を逸脱すると不調になると考えられていました。それが調子の変わった人物を指す意味へと変化して、医学・生理学用語だったフモールを美学的な用語のユーモアとして使い始めたわけです。

日本という国家の「体液」は、国権とか中央集権とかいうところばかりに固まりすぎてしまった。だからもう少し別のほうに引っ張って、バランスを取らなければいけない。そんなふうに考えていたと思うのです。

でも中江兆民の主張を受け止めた人は、彼のユーモアのセンスがよくわからなかったのではないでしょうか。

安部―だから自由民権運動は先鋭化していったのですよね。幸徳秋水《こうとくしゅうすい》のグループは左翼思想に突き進んで天皇制とぶつかり、１９１０（明治43）年に大逆事件（明治天皇暗殺計画）を引き起こしました。ちなみに幸徳秋水は中江兆民の弟子です。「秋水」という号は兆民が最初に名乗っていまして、「お前にやる」と言って幸徳秋水にあげました。

■ルソーの天賦人権論と江戸幕府の親和性

安部―ルソーが述べている天賦《てんぷ》人権論[*4]や社会契約説[*5]は、明治政府の方針とは真っ向から対立します。でもその前の江戸幕府とは、逆にものすごく親和性が高いのです。

キリスト教的な発想に立つ天賦人権論は、「神はすべての人間を平等に作った」と考えます。「天が天皇にこの国を統治する権利を与えてくれた」「その権利を幕府が天皇から預かり、大名に権限を分け与え、その下の領民に責任を分散して負わせる」。これが江戸幕府の預治思想です。

佐藤―天皇と領民は、常に一直線に親密に結びついている。この平等思想は、たしかに天賦人権論の発想とかなり近いですね。

安部―ルソーの社会契約説は「私有財産の所有が人間を堕落させている」「社会問題の根本である私有財産を否定しなければならない」と説きます。「理性と社会契約によって、社会を運営していく体制を作らなければいけない」。これはエゴイズムを抑えようとした江戸幕府の体制と似ているのです。公地公民制は私有財産を否定し、土地の売買を禁止しました。ルソーや中江兆民の意見に共感した人は「江戸幕府のころは良かったよね」と思っていたのではないでしょうか。

　僕は全共闘世代[*6]もそうだと思うのです。全共闘世代は社会主義を目指す運動を起こしたわけですが、実は彼らが戻りたかったのは江戸時代だったのではないでしょうか。敵意とエゴイズムから離れた制度が、彼らの理想だったと思うのです。

佐藤―私もおっしゃるとおりだと思いますね。

■コミュニティとアソシエーション

佐藤―明治時代、国権がどんどん強まる中で日本のコミュニティ（共同体）は崩れていきました。江戸時代にはコミュニティの紐帯《ちゅうたい》が生きていましたが、明治の日本人は殺伐としてみんながバラバラになっていったわけです。近代化を進めながら人々の結束を強めていくためには、いったい何が必要なのか。緩やかなコミュニティではなく、自発的に集まった人たちのアソシエーション（結社）が必要です。

　自由民権運動の活動家は、人間的な紐帯が生きていた江戸時代にあこがれていました。いったんバラバラになった個をもう一回まとめ、次元が異なる共同体を作りたい。コミュニティからアソシエーションへの転換（アソシエーショニズム）を志向していたのではないでしょうか。

「ウチは先祖代々浄土真宗だから私も真宗の門徒（信徒）だ」ということだとコミュニティのままですが、自分で選んでキリスト教なり何なりの結社に参加すれば、これはアソシエーションです。個が確立していない人は、自由意志でアソシエーションに参加することはありません。アソシエーショニズムに転換するために、自由民権運動はフランス的な個の確立を重要視したのではないでしょうか。

これも一種の「未来としての過去」です。

安部｜第5章で佐藤さんが触れたユルゲン・ハーバーマスの言葉ですね。

佐藤｜過去の江戸時代を理想として投影しつつ、明治のアソシエーションとして再編していく。江戸時代に完全に回帰することを目指すのではなく、江戸時代と似た別の新しい社会を作ろう。自由民権運動はそんな志向だったと私は思うのです。

■植木枝盛の思想は一種のアジア主義

安部―興味深い洞察です。たしかに佐藤さんのおっしゃるとおりでして、植木枝盛も大井憲太郎もキリスト教の影響を受けて自由民権運動に入っていきました。

「士族民権」を訴える論者の根本には「国民に民権を与えれば国権の強化につながり、諸外国と対峙《たいじ》できる」という発想があります。植木枝盛がおもしろいのは「諸外国に侵略していくような進出の仕方は駄目だ」と考えたことです。「欧米列強によって抑圧されているアジア諸国の連帯の中核に、日本がならなければ駄目だ」。彼はそう主張しました。

この発想は福岡県の頭山満《とうやまみつる》が唱えた「大アジア主義」に近い。現に二人は会って語り合ったことがあります。

佐藤―植木枝盛の発想は、19世紀ロシアのザーパドニキ（西欧派）っぽい感じがします。彼らは１８４０年代に、スラビャフィリ（スラブ派）と激しい論争を展開しました。

西欧派は、「ロシアの今後の将来のために、西欧の成果を取り入れて文明を開化させるべきだ。ただし西欧では、行き過ぎた個人主義によって格差を広げすぎてしまった。その先を行く社会主義的な社会をロシアに作らなければならない」と主張しました。西欧派とは、すなわち社会主義者です。

それに対してスラブ派は、ロシアの農村共同体の土地で共同主義の伝統を守るとしました。これも農村共同体の社会主義でして、要するに両方とも社会主義なのです。

安部―なるほど。植木枝盛の思想と似ていますね。

佐藤―「ヨーロッパ的な民権が行き着いた先は、結局は植民地主義だった。その植民地主義のさらに先を行き、植民地主義を克服して西洋化と文明開化を進めなければならない」。植木枝盛はこういう考えだったと思うのです。

当時の日本には、後発資本主義国ならではの優位性がありました。後発国である日本は、西欧列強から植民地にされる現実的な危険にさらされていたわけです。だから先進国のモデルにそのまま乗っかることなんてできませんでした。先進国のモデルにおかしいところがあれば、そこを矯正したうえで文明開化を進めていくべきである。植木枝盛はそんなふうに考えていたのではないでしょうか。

安部―ドストエフスキーも１８７０年代に「ヨーロッパから来るものが、すべて我が国にとって幸せなものばかりではない」「ロシアはロシアの大地に戻らなければならない」と主張しました。ドストエフスキーの思想は西欧にかぶれるのではなく、ロシアの大地に戻っていきます。植木枝盛の思想も、こういう雰囲気に近いです。

佐藤―ドストエフスキーの思想は「大地主義」とか「土壌主義」と訳されていまして、ナショナリズム（国家主義）ではありません。類型化すると、植木枝盛の思想は一種のアジア主義ですよね。

■板垣退助の愛国公党と民撰議院設立建白書

安部―1874（明治7）年1月、板垣退助《いたがきたいすけ》や後藤象二郎《しょうじろう》、江《え》藤新平《とうしんぺい》や副島種臣《そえじまたねおみ》[*7]は愛国公党（日本初の政党）を結成しました。同年、板垣や江藤は民撰《みんせん》議院設立建白書を提出して国会開設を要求します。藩閥による専制主義的な政治ではなく、自由民権政治を求めました。

同年2月に佐賀の乱（不平士族による明治政府への反乱）が失敗に終わると、愛国公党は失墜して江藤新平は処刑されてしまいます。板垣退助らの自由民権運動と、中江兆民や植木枝盛たちの運動は完全に切り分けて考えたほうがいいですよね。

佐藤―中江兆民の場合は、理念が先行している知識人の運動です。ユーモアのセンスもありますし、実行力もありました。それとは対比的に、板垣退助や江藤新平の運動は基本的に権力抗争です。

安部―板垣や江藤が民撰議院設立建白書を提出する前の段階で、国会を開設する動きは明治政府の中から出てきていました。1872（明治5）年5月、薩摩《さつま》の伊地知《いじち》正治《まさはる》＊8が「下議院ヲ設ルノ議」を正院に提出しています。正院はこれを認めて、規則の立案を左院に命じました。

木戸《きど》孝允《たかよし》も大久保利通《としみち》もこれに賛成し、1873（明治6）年7月に木戸は憲法制定の建白書を提出します。その年の11月には、大久保利通が立憲政体に関する意見書を出しました。政府内部で「これは当然やらなければいけない」という議論になっていたのですが、「明治6年の政変」によって参議たちが半分も辞めてしまいます。

大久保も木戸も「この状況では今すぐはとてもできない。段階的に少しずつやっていこう」という漸進《ぜんしん》主義の方針を採りました。板垣退助らは「そこが新政府の悪いところだ」と言って攻撃材料にしていった。彼らが繰り広げたのは、まさに政争なのです。

佐藤―当初はただの政争だったのに、だんだんと議論が先鋭化していきました。政争を長期にわたって続けるためには、大義名分が必要です。だからどこかから思想を借りてくる。するとその思想がだんだん本物になっていくのです。板垣退助らの自由民権運動はそういうプロセスを歩んでいきました。

■いつの時代も面倒くさい人事異動

安部―板垣退助は「薩長《さっちょう》だけで権力を独占しすぎだ。ポストを開放して、これまで功績があるほかの藩の士族を充《あ》てるべきだ」と主張してぶつかりました。これが板垣による自由民権運動の最初の出発点です。

佐藤―官僚組織でも大企業でも、人事って常に面倒くさいんですよね。ポストの数は限られていますから、人事には必ず不平不満が出てきます。でも「なんでオレを登用しないのだ」と正直に文句をつけるとカッコ悪いでしょ。すると何か大義名分が必要なのです。

「社長、私のことを言っているんじゃないんです。ここのところ、××大学出身者ばかりの人事が続いていますよね。『これはいかがなものか』という意見が、社内の一部にあるのです」。全然主語がなくて、全部受け身で他人事《ひとごと》のように人事に文句をつける。「こういう意見がある」と主語なしの受け身で不満を言うときは、だいたいそれは本人が思っていることなのです。

安部―「オレをちゃんと登用しろ」と。

佐藤―私は役所に務めていたから、こういう心理は手に取るようにわかります。「このまま人事ではじかれ続けるのは面倒くせえな」と理屈をつけて、だんだん運動になっていく。すると運動が過激化して本物になっていくのです。

安部― ただ難癖をつけても聞く耳をもたれないから、理論武装をしていきますしね。

佐藤― 理論武装しているうちにだんだん怒りが理論化されていって、ますます運動が激しく亢進《こうしん》していくのです。最後は単なる人事抗争では治まらなくて、「しょうがねえな。お前にもポストをやる」と言われても「いえ、私はそんなものをくれと言っているわけじゃないんです」なんて逆ギレする。

安部― 「半沢直樹」の世界だ（笑）。

佐藤― 「うるせえなあ。ガタガタ言いやがって。じゃあポストでも出すか」と譲歩してあげたのに、今度はむくれちゃってポストを受けてくれない。そういう人が徒党を組むと、話はうんと面倒くさくなるのです。

安部― しかも徒党を組んだら、自分だけ人事でピックアップされて上がるわけにはいきませんしね。

佐藤― すると今度は「上にいる連中を総取っ替えしなければ駄目だ」というクーデター計画にまで発展するのです。運動がここまで亢進してしまったら、さすがに大なたを振るって鎮圧しなければいけません。

安部― 板垣退助や江藤新平と似たようなことを、今も官僚や企業人はやっているのかもしれませんね。大井憲太郎による大阪事件[*9]や大隈重信《おおくましげのぶ》の追放も、佐藤さんの説明でうまく説き起こせそうだなあ。

■ 新島襄が国会開設に反対した理由

佐藤― 新島襄《にいじまじょう》と聞くとリベラルな人物だと連想するかもしれませんが、彼は国会開設に反対していたんですよね。なぜか。人材が育っていなかったからです。こんな状況で国会を作ったら、金権で買収された国会議員だらけになってしまう。地方のとんでもない人間がカネで有権者を買収して議員になり、金権大名みたいなのがいっぱい出てきてメチャクチャな世の中になる。

　だから彼は国会の早期開設に反対しました。国会を作る前に、教育によって公民意識がある人材を育てようと考えたのです。教育を先行させて、まず人間を変革していく。制度を作るのはそのあとだ。順番が違うと考えました。

安部― なぜ新島襄はそう考えるに至ったのでしょう。

佐藤―アメリカの金権政治を自分の目で見てきたからだと思います。親分子分関係が残っている村でいきなり選挙なんて導入したら、何が起こるか。しかも普通選挙ではなく制限選挙で議員を選ぶわけですから、ろくな結果にならないことは目に見えています。

「一定金額以上の税金を納められる人間でなければ、自己管理はできない。そういう人間でなければ参政権なんて行使できないのだ」。これが当時の人たちの考え方でした。そんな状況下で選挙をやって議員なんて選んだら、たちまち金権政治が横行することを新島襄は心配していたのです。

■板垣退助の愛国公党と立志社

安部―佐賀の乱が失敗して愛国公党の政治運動が挫折すると、板垣退助は1874（明治7）4月に高知県で立志社を設立しました。早く国会を作れ、作れと焦《あせ》るばかりで、足元がまるで固まっていない。佐藤さんがおっしゃるように、ベースとなる教育がある連中がいなかったせいで、愛国公党の運動は迷走しました。

佐藤―「愛国」というスローガンを安易に掲げるのは、非常に怖いことなのです。官僚や弁護士、公認会計士になるためには、国家公務員試験や司法試験、公認会計士試験に受からなければいけません。潮出版社の編集者になるためには、入社試験という関門を通過する必要があります。

　では愛国者になるにはどうすればいいのでしょう。首相官邸の前に行って「ウイグルの人権を台無しにして、アメリカのやることにヘーコラしているような弱腰菅《すが》政権を叩《たた》きつぶせー！」と叫んだ瞬間、誰でも一瞬で愛国者になれるのです。大きな声で「愛国だ！」と言えばそれでいい。特に流動的な状況において、「愛国」というスローガンはとてもコストパフォーマンスがいいのです。

　街頭で排外主義的なヘイトスピーチを吐き散らしているうちに、その団体の代表者が大阪市長と対談し、五分の扱いを受けるようになってしまった。「愛国」というコスパの良いスローガンをわめき散らすことによって自分の地位を向上させ、その代表者が東京都知事選挙で18万票近くも取ってしまうわけですよ。明治時代の当時も、板垣退助が「愛国公党」なんて政党を作ってみたら「愛国は危ない」とみんなが気づいたのでしょう。

　続いて板垣が作った立志社の限界は、「これからは士族だけでやっていこう」というエリート主義です。「民衆とは受動的な存在であり、所詮歴史の主体にはなりえない。ある程度の財産をもっていて、一定額以上の納税をしている富裕層にしか自己管理はできないのだ」。

こういうエリート主義の発想を打ち破るためには、大正デモクラシー[*10]が必要だったのです。

安部―板垣退助の立志社だけでなく、ほかにも各地で結社が生まれました。1874（明治7）年には阿波《あわ》（徳島県）で自助社が作られ、1878（明治11）年には東京で嚶鳴社《おうめいしゃ》が、1880（明治13）年には福澤諭吉《ふくざわゆきち》の交詢社《こうじゅんしゃ》が結成されます。演説会や勉強会の参加者にとっては結社が自己鍛錬の場になり、自助社なんて1000人以上ものメンバーを擁する全国組織に発展しました。

佐藤―明治の結社ブームです。

安部―日本中に何百という結社ができました。自分たちには知識も能力もあるのに、不当に刀を奪われ、禄《ろく》も奪われた。なんとかしようじゃないかという不平士族が、藩の名《なご》残りがある地方都市で結社を作る。自由民権運動系の政治結社、今で言うロータリークラブのような結社が、各地で生まれていきました。

■通俗道徳と新宗教の誕生

佐藤―1877（明治10）年の西南戦争が終わったあと、民権運動は「士族民権」から「豪農民権」へと変容していきます。ちょっとうがった見方かもしれませんけど、二宮尊徳《にのみやそんとく》や石田梅岩《ばいがん》がいなければ、豪農民権運動は生まれなかったと思うのです。
江戸時代末期に「努力は報われる」という通俗道徳が農民から出てきました。商売を通じてイノベーションを生み出し、自己実現していく。これが二宮尊徳のモデルです。士族のように身分が高い人間でなくても、農民にも十分能力はあるし、自己統治はできる。国家の管理だってできるのだ。江戸末期から、豪農は「オレたちだってやればできるんだぞ」と自信をつけていきました。

他方で豪農になれなかった人たちは、どうなっていったのでしょう。前にも述べた松沢裕作さん（慶應義塾大学経済学部教授）の研究によると、通俗道徳が生まれたあとには必ず新宗教が生まれるのです。

安部―それは非常におもしろい着眼点ですね。

佐藤―通俗道徳をベースに成功を夢見てがんばっても、商売がうまくいかなかったり、ダンナの放蕩《ほうとう》のせいで没落してしまう。するとものすごい負担が女性にのしかかります。苦しくてたまらない女性が、ある瞬間にトランス状態、神がかりになってしまう。天理教にしても大本にしても、女性の御筆先（神のお告げを聞く教祖）が出てきて民衆パワーを引きつけました。「努力は報われる」という通俗道徳だけでは成功できず、通俗道徳が破綻する。努力しても報われない人の中から、民衆宗教が生まれる。他方で、努力して報われた人の中からは「自分たちの代表を政治の世界に送り出すのだ」という民権運動が高まる。自由民権運動の裏テーマとして民衆宗教を考えると、明治期の見方が変わってくると思います。

安部―僕の知り合いに静岡の人がいましてね。そこの先祖は武田家の家臣でして、武田二十四将のうちの一人だったそうです。武田家が没落したあと、ご先祖は庄屋《しょうや》になりました。ところが明治維新が起きると、所領を全部新政府に没収されることがわかるのです。静岡は特に徳川色が強いところですから「新政府に取られるくらいなら、村じゅうで吉原《よしわら》に遊びに行っちまえ」と有り金を使い果たして、そのせいで没落してしまいました。

男どもはそういう破滅的なことをやってもいいかもしれませんが、あとで負担がのしかかるのは女性です。抑圧を受けて行き場所を失った女性を、新宗教が救っていった側面はたしかにあるでしょうね。

佐藤―天理教や大本、黒住教や金光教といった新宗教が、あのころいっせいに出てきました。ただし女性教祖がいるだけでは新宗教は成立しません。オーガナイザー（組織の運営者）である男性が必ず横にいる必要があります。シャーマン（巫女《みこ》）である女性教祖と、オーガナイザーとしての男性の結びつきがなければ、女性教祖による新宗教はうまく成り立ちません。

■ 大正デモクラシーと普通選挙

佐藤─自由民権運動と民衆宗教の誕生は、コインの裏表だと思うのです。「自由」とか「民権」とかいう言葉の響きが良いので、つい問題点が抜け落ちてしまう。自由民権運動がはらむ最大の問題は、民衆、大衆が抜け落ちてしまっていることです。

安部─のちに大正デモクラシーが出てくる必然性は、まさにそこなのです。

佐藤─その大正デモクラシーでも、まだ抜け落ちているものがあります。ジェンダー（性差）です。大正デモクラシーの成果について安易に「普通選挙運動」とか「普通選挙の実施」と言って称《たた》えるべきではありません。あのとき実現したのは男子普通選挙であって、女性の選挙権は相変わらず除外されています。それぞれの運動に、その時代の限界があるのです。

もしかすると今の時代の我々が考えているデモクラシーも、後の世から見れば不完全なのかもしれません。だって「生けとし生けるすべての動植物」という概念が、民主主義の主体に入っていないわけですからね。「21世紀のデモクラシーは極度に人間中心主義だった。近代的、西欧的な人間観に基づく人間主義と民主主義の限界だ」と評価される可能性は十分あります。価値観は時代によって変わるのです。

安部―地球温暖化と環境破壊は、紛れもなく人間がもたらしたものです。人間と自然と一体に生きる状況が実現したとき、「こんな当たり前のことが全然できていない愚かな時代があったのか」と酷評される可能性があるのですよね。

佐藤―民衆不在の自由民権運動を進めた結果、民衆の力は民衆宗教に向かった。あるいは政府を迂回《うかい》したところで、民衆の力はナショナリズムに吸収されました。

安部―時代は前後しますが、１８８４（明治17）年に、秩父《ちちぶ》困民党による武装蜂起が勃発しました。横暴な高利貸しに怒った秩父の農民１万人が決起し、役場や警察署を占拠します。

佐藤―秩父事件は、自由民権運動から民衆が抜け落ちてしまった不幸な結果です。自由民権運動から暴発した極端な暴力的運動が、逆に民衆にとって有害な結果をもたらしました。対話の道はあったはずなのに、秩父困民党は軍隊によって徹底的に弾圧を受けます。いったい何人が殺されたのかすら正確にはわかっていません。

■大川周明、蓑田胸喜、三井甲之

佐藤―権藤成卿《ごんどうせいけい》という戦前の右翼も、今申し上げた点を『君民共治論』という本の中で問題視しています。彼は戦前の５・15事件（１９３２年の犬養毅《いぬかいつよし》首相暗殺事件）、２・26事件（１９

36年の陸軍青年将校によるクーデター未遂）の背後にいた人物です。

「君」（君主）と「民」（民衆）は結びついた形で統治を進めるべきである。天皇が「爾臣民《なんじ》」と呼びかける臣民のうち「民」は良いのだが、「臣」のほうがどうもよろしくない。「臣」とは誰かというと、国から俸給をもらっている軍人や公務員です。

大川周明《しゅうめい》[11]はよく「黄金大名」という言葉を使いました。堕落した「黄金大名」さえ取り除けば、民衆は天皇と直結できる。天皇のもとの君民共治という形によって、トップにいる天皇の周辺にダイレクトに民衆の力を糾合していく。大川はこういうイデオロギー装置を構想しました。

安部　今おっしゃった考え方は、意外と浄土真宗の人たちにも多いのです。天皇を阿弥陀仏と見ますからね。阿弥陀仏と一体化するように天皇と一体化して、この国を治めていく。

佐藤　蓑田胸喜《みのだむねき》と一緒に仕事をしていた三井甲之《こうし》も、天皇を阿弥陀仏に見立てる発想でした。安部さんがおっしゃるように、こういう思想は真宗の流れから出てきています。ちょっと時代があとになりますが、戦時中に石川三四郎[12]など日本のアナーキスト（無政府主義者）が天皇礼賛《らいさん》に走りました。国家なんてなくしてしまえ。天皇のもとで、無政府状態でやっていけというわけです。

■権藤成卿と黒色戦線社

佐藤―先ほど触れた権藤成卿は、律令制《りつりょうせい》の前の日本に戻り、国家ではなく社稷《しゃしょく》対等《たいとう》のネットワークでやっていくべきだと構想しました。「社」とは「土地」、「稷」とは「穀物」という意味です。こういうイデオロギー操作によって、アナーキズムと天皇制が結びつきやすかったのが日本の特徴です。

　ちなみに権藤成卿の著書は、戦前は文藝春秋《ぶんげいしゅんじゅう》から出ていました。おもしろいことに、その本が戦後になると黒色戦線社から復刻されているのです。

安部―ずいぶん物騒な名前の出版社ですね。

佐藤―黒色戦線社というのは、東アジア反日武装戦線の爆弾テロを支援していた集団です。「国家なくして君民の自治によってみんながともに生きる」という権藤成卿の発想は、アナーキストの考え方と符合しました。黒色戦線社の『権藤成卿著作集』を古本屋で手に入れると、真っ黒い表紙だからビックリしますよ。

『権藤成卿著作集』に収録されている「君民共治論」を読んでみると、信州（長野県）の農民と話をしている場面が出てきます。信州の農民が「今の官僚はけしからん。腐りきっている」とブックサ文句を言うと、こんなふうに説得するのです。

「そうかね。今回のこの不況は、もともと普通に野菜と米を作っていたら起きなかったと思うよ。カネがほしくなったあんたらが蚕なんて飼い出したから、市場の影響を受けたんじゃないか。しかし、そうはいっても腐敗したこの政治を誰が選んでいるのか。軍人だ。軍人だって官僚だってきれいなもんじゃない」

「じゃあ先生、どうしたらいいんですか」

「自分たちの力だよ。お前たちは土地とネットワークをもっている。もともと農本主義でやってきただろ。そこに立ち返れ。自分たちの力、自治によってしか社会は変わらないぞ」

天皇のもとで自治と社稷のネットワークがあれば、国なんて要らない。官僚も要らない。こういうロジック（論理）は、アナーキストにスポッとハマるのです。アナーキストたちは、このロジックをそのまま採用していきました。

■大久保利通の大阪会議と立憲政体樹立の詔書

安部―このあたりで、明治の自由民権運動に話題を戻しましょうか。

前述の佐賀の乱（１８７４年）によって江藤新平がさらし首にされると、士族の反発はますます高まり、大久保利通の政権運営が危機に陥りました。西郷さんが薩摩に帰ってしまい、大臣に起用した島津《しまづ》久光《ひさみつ》[*13]は大久保の方針に徹底的に反対します。大久保政権は四面楚歌《しめんそか》状態でした。

　自由民権運動に推されてきた板垣退助と、政府の方針に異を唱えて下野した木戸孝允をもう一回呼び戻して、なんとか政権を立て直したい。そこで大久保利通は、1875（明治8）年1～2月に大阪会議を開きました。元老院（立法機関）や大審院（裁判所）を設置すること、地方官会議を開いて民意を汲《く》み上《あ》げることなどを条件に、板垣と木戸は参議に復帰します。

佐藤—ヨーロッパ諸国から見て、明治政府の体制は相当異様なものでした。裁判官と検察官を同じ人間が務め、お白州に引っ立てられても被告人に弁護人がつかない。一審制で裁判が終わってしまい、再審がない。自白は証拠の王様であり、拷問が許容されている。刑罰なんて、釜茹《かまゆ》でや磔《はりつけ》、さらし首です。だいたい、法律がどこで決まっているのかすらよくわからない。

　江藤新平のさらし首は、特に外国のイメージを悪くしました。政変が起きたときに、まともな裁判もやらず首をぶった斬って野ざらしにする。しかも江藤新平は初代の司法卿《きょう》（法務大臣）です。こんなものは、とてもまともな法治国家とは言えません。

大阪会議で国内の政争を整理しつつ、大久保利通は国際的な目線を相当気にしていたはずです。まず大審院を作って、近代的な裁判体制を作り上げる。それから議会も開設する。国家の体制をヨーロッパやアメリカと同じ基準にしなければ、いろいろなところでつけこまれて日本が植民地にされてしまうかもしれない。そんな恐怖感に駆られて焦っていたはずです。

安部―大阪会議の２カ月後に、明治天皇が「漸次立憲政体樹立の詔《みことのり》」という詔書を出しました。

佐藤―この詔書によって、元老院や大審院、地方官会議の設置を正式に命令します。

安部―〈朕、今誓文の意を拡充し〉〈漸次に国家立憲の政体を立て、汝衆庶《なんじしゅうしょ》と倶《とも》に其慶《そのけい》に頼《よら》んと欲《ほっ》す〉。つまり「五箇条の御誓文の意味を広げて、立憲主義を打ち立てる。そういう政治体制を作り、大衆とともに喜び合いたいのだ」というわけです。

ところが、大久保利通の政権はとたんに空中分解してしまいます。１８７５（明治８）年のうちに板垣は参議を辞めてしまうし、翌年３月には木戸も参議を辞めてしまいました。大久保利通は国会開設に向けた新体制を作ろうとしたのに、政権は１年ももちませんでした。

■大隈重信の右足を吹き飛ばした爆弾テロ

安部―先ほど佐藤さんが、日本が植民地にされてしまうかもしれない焦りについて指摘されました。僕もそのとおりだと思います。日本は欧米列強から不平等条約を強いられていました。

佐藤―日本は関税自主権なんて全然もっていませんでしたし、諸外国に一方的に最恵国待遇を与えている状態でした。

安部―大隈重信外務大臣は、どうにかして不平等条約を改正しようと試みます。彼は外国人の裁判官を登用して裁判の公平性を担保し、日本の裁判の近代化を図ろうとしました。それを踏まえて条約改正の交渉を有利に進めようと考えたところ、玄洋社《げんようしゃ》の頭山満が猛烈に反対します。

１８８９（明治22）年、頭山の配下である来島恒喜《くるしまつねき》[*14]が爆弾を投げつけるテロを起こし、大隈は右足を失いました。この爆弾テロによって、条約改正のための裁判所改革案はつぶれます。「日本の裁判所に外国人を入れるとは何事か」という反対論に、大隈は屈してしまいました。

佐藤―爆弾を投げつければ条約改正案が止まり、政治目標を達成できる。あの事件はテロリストたちを増長させたはずです。

安部―僕はあれが2・26事件の源泉になっていると思うな。

佐藤―テロは政治的なコストパフォーマンスがすごくいいんですよね。爆弾で大隈重信の足でも吹き飛ばせば、みんなビビり上がって言うことを聞いてくれる。大衆行動を組織したり内乱を起こすよりも、はるかに小さいコストで自分たちの政治的意図を実現できます。

テロとは政治行動ですから、相手を殺すことが目的ではありません。テロによって政治目標が達成できなければ、別の方法を考えるだけのことです。最近、国際的に9・11テロやパリでのテロのような大規模なテロが起きませんよね。一部の人は「テロの時代はもはや過去になった」と言います。大きなテロが起きなくなった理由は簡単です。

安部―そういう手法を使っても、政治目標が達成できなくなったからですよね。

佐藤―そのとおりです。大隈重信は悪《あ》しき前例になってしまいました。大隈が「テロには屈しない。片足を失ってでも私は外国人を裁判官に登用する」と踏ん張れば、テロという手段はその後日本で使われなくなったはずです。

■テロによって消された大久保利通

佐藤―考えてみれば、幕末の志士なんて基本的にみんなテロリストでした。

安部―そうそう。気に食わないやつは刀でぶった斬っちゃうわけですからね。

佐藤―政敵は「お主、この刀が見えないか」と脅し上げて勝負していく。どうも暴力によって政治目的を実現しようという動きに、日本は伝統的に弱いところがあります。

安部―血盟団[*15]の「一人一殺」もそうでした。

佐藤―井上日召《にっしょう》[*16]の自伝を読むと「一人一殺と言われているが、私の考えは本当は違う。一殺多生だ」なんて書いてあります。一人の人間を殺すことによって、多くの人を生かす。こういう思想でテロリズムを引き起こしていったのです。

安部―１８７８（明治11）年、内務卿（内務大臣）の大久保利通は不平士族の一派に暗殺されました。

佐藤―官僚のドンであり、天皇を別とすれば、国家の事実上の最高指導者が、テロによって消されてしまう。テロによって政権交代が起きる不穏な時代になってきました。

　余談ですが、大久保利通の評判は未《いま》だに悪いですよね。同じ薩摩藩出身でも、西郷さんと大久保利通とどっちが好きかとアンケートを取れば、逆賊として切腹させられた西郷さんのほうが圧倒的に人気でしょう。ロッキード事件で大久保利春《としはる》（元丸紅専務）が逮捕されたときなんて「あいつはあの大久保の子孫か」とさんざん悪口を言われたものです。

■自由民権運動を弾圧する新聞紙条例と集会条例

安部―第5章でも話題にのぼったとおり、１８７５（明治8）年に新聞紙条例や讒謗律《ざんぼうりつ》が作られ、明治政府への批判を禁ずる言論統制が敷かれました。１８８０（明治13）年には集会条例が作られ、集会・結社の自由が厳しく制限されます。

佐藤―皮肉なことに、集会条例ができたことによって警察官の質は上がりました。集会の内容を聞きながら一線を越えたかどうかを判断して「弁士、中止！」と命令するわけですからね。

安部―勉強しなければ、何を言っているかチンプンカンプンでわからない。

佐藤―それまでは十手、岡っ引きの世界で「あいつをしょっぴいてこい」で済んだのですが、集会の内容を聞いて、自分の頭で正否を判断しなければならない。現場の巡査レベルにまで高度な知的能力が要求されていくのです。

ちなみに戦時中、向坂逸郎《さきさかいつろう》という労農派マルクス主義の指導者を取り調べた特高警察官は、尋常高等小学校卒業が最終学歴でした。


〈昭和二十年の八月十日、つまり終戦の日の五日前の朝早く、特高係長になっていた警部が、私の家へやって来ました。一瞬、またかと思ったのですが、彼はこういいました。

「実は、けさ未明〝ポツダム宣言受諾〟という無電を、日本政府が発しましたから、また先生がたの時代になりました。これはおみやげにちょうど手にはいりましたから。」

と、牛乳を、兵隊さんの水筒にいっぱい持ってきて、おあがりくださいといって帰りました〉

〈この人は、どこかの大学を出たんじゃないか、と思っていたぐらいです。あるとき学校のことを聞いてみたら、高等小学校を出たきりで、まったく独学で勉強した人でした。

私はこういう人を、ほかのところでいろいろ使うところがあれば、立派な仕事を、社会的進歩のために立派な仕事をするのだろうにと思って、彼に調べられながら、その顔を見ていたものでした〉（向坂逸郎著『流れに抗して』講談社現代新書、215〜216ページ）

尋常高等小学校しか出ていないのに、ものすごくよく勉強していて、マルクス主義についてよくわかっている。特高警察はそれなりの人材を揃《そろ》えていたわけです。

■明治維新礼賛論の危うさ

安部―僕は長年「現代日本を考えるうえで、明治維新礼賛論を壊さなければ駄目なのだ」「功罪相半ばするという形で、明治維新を見ていかなければ駄目だ」と主張してきました。もちろん明治維新には「功」の部分もたくさんありますが、「罪」の部分もいっぱいあるのです。明治維新の「罪」の部分が、昭和20年の敗戦を招いた。実を言うと、明治維新こそが敗戦の直接の原因だとさえ思うのです。

佐藤―私もそう思いますね。

安部―昭和20年8月15日を過ぎても、受験競争による才能の吸い上げと中央集権体制は、現代までそのまま残っています。

佐藤―ペーパーテストなんて、人の能力を一面的にしか評価できません。なのにテストの点数がすべての基準にされてしまう。行き過ぎた能力主義の弊害です。

安部―明治維新の「罪」の部分をしっかり見直すことによって、現代社会に広がるさまざまな問題があぶり出されるのです。今回佐藤さんとこうやってお話ししながら、あらためてそのことを確信しました。

誰もがご飯を食べられて飢えることがない、戦争がない世界を作るにはどうすればいいのか。徳川家康《いえやす》は「人間の心の中にある敵意とエゴイズムを、最大限制御して抑えていく体制を作らなければいけない」と考えました。これは「厭離穢土《おんりえど》、欣求浄土《ごんぐじょうど》体制」とでも呼ぶべきものです。こうしてできあがった江戸幕府は、世界でも類を見ない平和と安定を２６５年にわたって実現します。当時の世界を見渡せば、類例のないほぼ完璧な体制でした。

佐藤―江戸時代の日本は、極めて安定的な社会システムを作り上げました。

安部―外圧のせいで、その体制を転換せざるをえなくなります。貿易を始めれば産業構造は変わり、外圧はますます激しくなってくる。のたうち回るように為政者は苦しみ、農本主義から重商主義へ、分権主義から中央集権主義へと社会を大転換させました。

従来のように明治維新を手放しで礼賛するのではなく、僕は今こそ、明治の体制変革の「罪」の部分をしっかり見なければいけないと思うのです。

佐藤―明治維新をやたらと礼賛するのも特殊論ですし、「明治維新に諸悪の根源がある」と見る特殊論にも偏《かたよ》らない。「明治維新は功罪相半ばするのだ」という視点で、歴史を等身大で見ていくべきです。

明治維新は古い過去の産物ではありません。あの時代をどう評価するかという問題は、今も回答が出ないまま積み残されているのです。奇《く》しくもコロナ禍《か》の影響によって、グローバルな流れに突然歯止めがかかりました。と同時に「我々は日本独自の道を行くのだ」という排外主義的な流れが強まっています。

ウイグルの人権をめぐって、自民党の右派と日本共産党の両方が感情的に拳を振り上げる。コロナ禍の日本で、右も左も極端なナショナリズムに走る現状は非常に危険です。こういう世相だからこそ、明治維新をあらためて等身大で見直して評価する。明治維新から現代を逆照射するべきときが来ています。

あとがき

佐藤 優

新型コロナ禍でわれわれが直面しているのは、パンデミックの危機だけではない。近代のシステム全体の価値が問い直されている。

近代は、経済システム的には資本主義の時代だ。当初、大きかった地域の壁を乗り越えて、国民経済が発展した。さらに資本は国境を乗り越えてグローバルな資本主義に発展した。1989年11月にベルリンの壁が崩壊し、1991年12月にソ連が崩壊した後、グローバリゼーションが世界経済を席捲《せっけん》したかのように見えた。しかし、それは幻想だった。米国でのトランプ政権の誕生、英国のEU（欧州連合）からの離脱など、グローバル化に歯止めを掛け、国家機能を強化する動きが始まった。この動きは、2020年初めからの新型コロナウイルス（COVID-19）がパンデミック化したことによって加速した。2年前と比較して、国境の壁ははるかに高くなった。近代民主主義国家においては、国家機能が司法、立法、行政に分割されるのが通例だ。コロナ禍に直面して、各国で行政権が、司法権、立法権に対して優位になる傾向が認められる。迅速な意志決定を行うためには、行政権が若干暴走してもやむを得ないという暗黙の了解が存在するのだと思う。しかし、一旦、優位を確立した行政権は、パンデミックが終わった後も、優位性を保ち続ける可能性がある。ＣＯＶＩＤ－19による危機が去っても、天災地変、テロ攻撃、戦争などの脅威《きょうい》が残っている以上、行政権の優位性を確保して、国家と国民を守らなくてはならないという理屈だ。しかし、このような発想は危険だ。歴史の主体である民衆を軽視もしくは無視することにつながりかねないからだ。

　この文脈で、日本近代史を学ぶことには大きな意味がある。なぜなら明治維新以降、日本は行政権優位の下で国家を発展させてきた。それ故に日本は欧米列強の植民地にされなかった。他方、日本はアジア諸国を植民地にする帝国主義政策を取った。この帝国主義政策の行き着いたところが太平洋戦争による敗北という悲惨《ひさん》な結末だった。

〈戦争《せんそう》ほど、残酷《ざんこく》なものはない。
戦争ほど、悲惨《ひさん》なものはない。
だが、その戦争はまだ、つづいていた。

愚《おろ》かな指導者《しどうしゃ》たちに、率《ひき》いられた国民《こくみん》もまた、まことに哀《あわ》れである〉（池田大作『人間革命第1巻』聖教ワイド文庫、2013年、15頁）

われわれが近現代史を学ぶのは、二度と残酷で悲惨な戦争を起こさないためである。安部龍太郎との対談を通じて、私は平和の重要性を再度、痛感した。

本書では、幕末から明治維新が扱われている。この時期に関しては、未だに「講座派のくびき」がある。講座派とは、1930年代に日本資本主義の性格をめぐる論争が展開された際に、日本共産党の立場を代弁した学者たちを指す。岩波書店から1932年5月から翌33年8月に刊行された『日本資本主義発達史講座』（全7巻）の寄稿者に共産党系の学者が多かったので講座派と呼ばれるようになった。講座派は、日本の政治体制は、天皇を中心とする絶対主義であるとして、日本社会における地主、さらに封建制度の役割を過大評価した。日本資本主義には、特殊な型があり、この型は経済がどれだけ発達しても変わらないという発想だ。戦後は、日本特殊論として講座派の考え方は生き延びた。

本書を読んで頂いた読者にはおわかりいただけたと思うが、安部龍太郎も私も歴史を特定の型にはめて解釈するという方法を避けている。史料を基に事実について（特に安部は技術史に詳しいので私にはとても勉強になった）、徹底的に議論を展開して詰めた上で、それを読み解く論理を探究するというアプローチを取った。そこから浮かび上がる幕末日本の姿は、封建制という枠に収まらないエネルギーに溢《あふ》れた社会だ。このエネルギーの源泉となったのが民衆の情熱である。同時に、幕末の政治エリートも戦乱を避けることに全力を尽くした。安部は〈勝海舟は「日本を再び戦乱の世に追いこんではいけない」という叡智を必死で働かせました。新撰組のように向こう見ずに突っこんでいく政治家ではなく、多くの要因をバランス良く考えて、的確な手を打つ。素養と知識と鍛錬の積み重ねのうえに、勝海舟をはじめとする政治家は懐《ふところ》深い智慧を働かせました〉（本書１２５頁）と指摘している、その通りと思う。

格差が拡大している社会では、ポピュリスト政治家が国家主義（ナショナリズム）を煽《あお》り、国民を戦争に誘う危険がある。危険な国家主義というと、右翼的なものが頭に浮かぶが、そのような固定観念にとらわれると事柄の本質を見失う。たとえば、マルクス・レーニン主義（科学的社会主義）を掲げる日本共産党が、最近では国家主義を強く煽っている。北方領土問題に関して、安倍晋三前政権、菅義偉《すがよしひで》政権は、日ロ平和条約締結後に歯舞《はぼまい》群島、色丹《しこたん》島を引き渡すことを約束した１９５６年の日ソ共同宣言を基礎に交渉をまとめようとしている。この文書は共同宣言という名称であるが、日ソ両国の国会で批准《ひじゅん》された法的拘束力をもつ条約だ。この政府方針に対して日本共産党は、国後《くなしり》島、択捉《えとろふ》島に加え、ウルップ島からシュムシュ島までの北《きた》千島《ちしま》18島も日本に返還せよとの非現実的要求を行っている。日本共産党はロシア、米国、中国のいずれに対しても国家主義的立場から強硬論を唱えている。国家主義は宗教だ。しかもそれは誤った宗教である。中道主義の価値観に立って、左右の国家主義の危険に警鐘《けいしょう》を鳴らす必要がある。国内で国民に不満が溜まると、そのはけ口を外交に求めるようになる。国家主義の暴発を避けるためにも、格差を是正し、社会を安定させ、近隣諸国と平和的関係を構築するために政治家も国民も全力を尽くさなくてはならない。本書がその目的のために貢献することを心の底から願っている。

本書を上梓するにあたっては潮出版社の幅武志氏にたいへんにお世話になりました。どうもありがとうございます。

２０２１年６月16日、曙橋（東京都新宿区）の書庫にて

■後注

■第１章

＊１　公地公民制　土地と人民はすべて国家の所有とし、私有を認めないこと。大化の改新で打ち出され、以後律令制の原則となった。

＊２　律令制　中国を中心とする東アジア世界で行われた政治制度。律は刑法、令はそれ以外の行政上必要な諸法規の集成で、この法体系を機軸に国家の諸制度が整えられた。日本では7世紀後半から10世紀ごろまでを律令時代とよぶ。

＊３　権藤成卿［１８６８～１９３７］農本主義思想家。中国古来の国家的祭祀で土地と農業を尊ぶ社稷《しゃしょく》国家の実現と農本自治主義を唱え、血盟団事件や５・15事件の関係者に影響を与えた。

＊４　後醍醐天皇［１２８８～１３３９］第96代天皇。在位１３１８～39。後宇多天皇の第２皇子。天皇親政・人材登用など政治の改革に努め、鎌倉幕府打倒を図ったが、正中の変（１３２４）・元弘の変（１３３１）に失敗、隠岐に流された。のち脱出して建武の中興に成功したが、足利尊氏の謀反により２年余で新政府は倒れ、後村上天皇に譲位、吉野で死去。

＊５　南北戦争　１８６１～65年に起こった米国の内戦。黒人奴隷を使用して自由貿易を主張する南部と、国内市場の統一、保護貿易を主張する北部との対立が、奴隷制不拡大を掲げるリンカーンの大統領当選を機に、戦争へ発展したもの。劣勢であった北部が奴隷解放宣言ののち攻勢に転じ、南部の降伏で終結。この結果、奴隷制度は廃止され、独立以来、対立を続けた南部・北部は事実上統一された。

＊６　享保の改革　江戸中期、８代将軍徳川吉宗（在職１７１６～45）が行った幕政改革の総称。綱紀の粛正、質素倹約などを目的に、目安箱の設置、公事方御定書の編纂、足高《たしだか》の制、上米《あげまい》の制、相対済《あいたいすまし》令、貨幣改鋳、定免の制、産業奨励などが実施された。

＊７　日米和親条約　１８５４（安政元）年３月に日本が米国と結んだ最初の条約。下田・箱館の開港、領

事の下田常駐などを規定。片務的最恵国待遇も盛り込まれて、不平等条約の始めとなった。

＊8　ペリー［１７９４〜１８５８］米国の海軍軍人。東インド艦隊司令官として、１８５３（嘉永6）年に4隻の軍艦を率いて浦賀に入港し開国を要求。翌年、再来日し、武力を背景に日米和親条約を締結。

＊9　吉田松陰［１８３０〜59］尊王論者。欧米遊学を志し、ペリーの船で密航を企てたが失敗して入獄。出獄後、萩に松下村塾を開き、高杉晋作、伊藤博文らの多くの維新功績者を育成。安政の大獄で刑死。

＊10　村田清風［１７８３〜１８５５］長州藩士。藩主毛利敬親に登用されて藩政改革を推進し、兵制の改革、殖産興業を行い、長州藩興隆の基礎を築いた。

＊11　米西戦争　１８９８年、スペイン領キューバの独立戦争に介入した米国とスペインの戦争。米国が勝利を収め、キューバは独立。スペイン領のプエルトリコ・グアム・フィリピンは米国領となった。

＊12　アヘン戦争　１８４０〜42年、アヘン密貿易禁止をめぐる英国と清の戦争。敗れた清は南京条約を締結。半植民地化の端緒となる。これに衝撃を受けた江戸幕府は、異国船打払令を天保の薪水給与令にあらためた。

＊13　太平天国の乱　洪秀全が起こした１８５１年から64年にわたる近代中国の大農民反乱。南京を都に太平天国という独立国家を樹立したが、郷勇などの漢人勢力、外国軍の介入によって滅ぼされた。

＊14　ナポレオン戦争　ナポレオン1世が執政および皇帝に在位した期間に指揮した戦争の総称。

＊15　日露和親（通好）条約　１８５５（安政2）年2月に締結。下田・箱館・長崎を開港。択捉・得撫《うるっぷ》両島間を国境とし、両国人の雑居地とした樺太には境界は定めなかった。

＊16　農奴解放　農民を農奴の地位から解放すること。封建社会から近代社会への転換期に行われた。

＊17　天津条約　１８５０年代末から80年代にかけて、清が結んだ条約で天津にて調印されたものの総称。清国内の旅行の自由、キリスト教の信仰・布教の自由、港市の開港など。１８７１（明治４）年、日本との間で締結された修好条約も含まれる。

＊18　北京条約　清が諸外国と締結・調印した条約のうち、締結地が北京であったものの総称だが、一般にはアロー戦争後に英・仏・露と締結した条約を指す。天津の開港、賠償金の支払い、英国への九竜割譲など。

＊19　薩英戦争　１８６３年、鹿児島での英国東洋艦隊と薩摩藩の戦争。前年の生麦事件が原因。両軍ともに大きな損害を被り講和。以後両者の提携が進んだ。

＊20　グラバー［１８３８〜１９１１］英国の商人。長崎にグラバー商会を設立し、日本茶の加工輸出から武器、艦船の輸入へと業務を拡大。薩摩藩留学生の英国派遣を助け、薩英提携、薩長同盟の成立に尽力した。

＊21　西郷隆盛［１８２８〜77］政治家。討幕の指導者として薩長同盟・戊辰戦争を遂行。維新の三傑の一人。新政府の参議・陸軍大将となるも、征韓論に関する政変で下野、帰郷。西南戦争に敗れ、城山で自殺。

＊22　伊藤博文［１８４１〜１９０９］政治家。吉田松陰に学び、討幕運動に参加。初代総理大臣。枢密院・貴族院の初代議長を歴任。立憲政友会総裁を務め、日露戦争後に初代韓国統監となるが、安重根により暗殺。

＊23　井上馨［１８３６〜１９１５］政治家。第１次伊藤内閣の外務大臣として欧化政策をとるが、世論の反対により条約改正交渉に失敗。農商務相・内務相・蔵相を歴任。のち元老として国政に関与。

＊24　調所広郷［１７７６〜１８４９］薩摩藩家老。島津重豪《しげひで》・斉興《なりおき》に仕えて藩の財政を再建したが、密貿易が幕府に発覚して自殺。

＊25　鳥羽・伏見の戦い　戊辰戦争の発端となった内乱。１８６８（慶応４）年1月、大坂在城の幕兵と会津・桑名の藩兵が、徳川慶喜を擁して鳥羽・伏見で薩長軍と戦ったが、幕府軍が敗退。慶喜は江戸に帰った。

＊26　戊辰戦争　１８６８（慶応４）年戊辰の年１月から翌年５月に行われた維新政府軍と旧幕府派との内戦。鳥羽・伏見の戦い、上野の彰義隊の戦い、会津戦争、箱館戦争などの総称。

＊27　新島襄［１８４３～90］教育家。密出国して渡米。アマースト大学を卒業。岩倉使節団に随行し欧米の教育制度を視察後、同志社英学校（のちの同志社大学）を創立。キリスト教精神に基づく教育に専念した。

＊28　内村鑑三［１８６１～１９３０］無教会派キリスト教伝道者。札幌農学校在学中に受洗。聖書研究会を開き無教会主義を唱えた。足尾銅山鉱毒反対運動に関わり、日露戦争に際しては非戦論を主張。

＊29　朝河貫一［１８７３～１９４８］歴史学者。イェール大学教授。日本と欧州を比較した封建制度史の研究で業績を上げた。著作『入来文書』は世界的に有名。日露戦争の原因を究明した『日露衝突』など。

＊30　山川健次郎［１８５４～１９３１］物理学者。イェール大学に留学。のちに東京大学初の日本人理学部教授に就任。九州帝大総長、東京帝大総長、京都帝大総長を務め、教育行政に尽力した。枢密顧問官。

＊31　白虎隊　戊辰戦争の際、会津藩が16、17歳の藩士子弟で組織した少年決死隊。官軍との戦いに敗れて飯盛山まで後退したとき、若松城の方角に黒煙があがるのを見て落城と思い誤り、20人が自刃した。

＊32　徳川慶喜［１８３７～１９１３］江戸幕府第15代将軍。将軍継嗣問題で家茂に敗れ、安政の大獄で隠居謹慎。桜田門外の変後は家茂の後見職を務め、家茂の死後将軍職を継いだが、大政奉還し江戸城を明け渡した。最後の将軍。

＊33　水戸学派　江戸時代、水戸藩主徳川光圀の「大日本史」編纂に端を発し、儒学思想を中心に、国学・史学・神道を結合させた学派。皇室の尊厳を説き、幕末の尊王攘夷運動に多大の影響を与えた。

＊34　天狗党の乱　１８６４年、水戸藩尊攘過激派の天狗党が、常陸国筑波山で挙兵した事件。幕府の追討軍に追われて西へ逃れる途中で加賀藩に降伏し、藤田

小四郎、武田耕雲斎ら多数が斬罪に処された。

＊35 **頭山満**［1855〜1944］国家主義者・大アジア主義者。萩の乱で一時入獄。自由民権運動に参加後、国家主義に転じ玄洋社を創立。強硬外交と大陸進出を唱え、在野で右翼の中心人物として活躍した。

＊36 **夏目漱石**［1867〜1916］小説家・英文学者。英国留学後、教職を経て「朝日新聞」の専属作家に。自然主義に対立し、心理的手法で近代人の孤独やエゴイズムを追究した。日本近代文学の代表的作家。

＊37 **高杉晋作**［1839〜67］勤王家。松下村塾に学び奇兵隊を組織。四国艦隊下関砲撃事件には正使として和議を結び、のち藩論を討幕に統一、第二次長州征伐の幕府軍を破った。大政奉還の半年前に病没。

＊38 **琉球処分** 明治政府が琉球王国を日本近代国家に組み入れた政治過程。1872年の琉球藩設置から1879年の廃藩置県までの一連の施策を指すが、単なる廃藩置県ではなく、明治政府自身が「処分」といっているように、一方的に強権をもって断行したものであった。

■第2章

＊1 **プチャーチン**［1804〜83］露国の海軍軍人。1853（嘉永6）年、ロシア艦隊司令長官兼遣日使節として長崎に来航。日露和親条約（1855）、日露修好通商条約（1858）を締結。

＊2 **SGI** 創価学会の国際的機構。1975年世界51カ国の代表で発足。初代SGI会長は池田大作氏。現在は、192カ国・地域のメンバーからなり、生命尊厳の仏法を基調に、人類の平和、文化、教育への貢献を目指す活動に取り組む。

＊3 **西南戦争** 1877（明治10）年、西郷隆盛らが鹿児島で起こした不平士族最後の反乱。征韓論に敗れ帰郷した西郷は士族組織として私学校を結成。その生徒らが西郷を擁して挙兵。熊本鎮台を包囲するも政府軍に鎮圧され、西郷は郷里の城山で自刃。

＊4 **寛政の改革** 江戸後期、11代将軍徳川家斉の初

世、老中松平定信が担当した幕政改革（1787〜93）。享保の改革を理想として、倹約、備荒貯蓄の奨励、棄《き》捐《えん》令、人返し、異学の禁などの政策を遂行したが、景気が沈滞し、町人らの不満を買った。

＊5　**天保の改革**　江戸末期、12代将軍徳川家慶の初世、老中水野忠邦が行った幕政改革（1841〜43）。倹約・風俗粛正を断行し、農村復興のために人返しの令、株仲間の解散、物価引き下げなどの諸改革を行う。忠邦は江戸・大坂を天領とする政策で失脚。一方、諸藩の改革では長州・薩摩・土佐などが成功し、幕末の政局に進出する経済的基盤を固めた。

＊6　**石田梅岩**［1685〜1744］思想家。石門心学の始祖。実践的倫理思想を説き、町人層に歓迎された。

＊7　**二宮尊徳**［1787〜1856］農政家・思想家。諸藩・諸村の復興に尽力、幕臣となる。徹底した実践主義者で、その思想・行動は報徳社運動として受け継がれた。

＊8　**大久保利通**［1830〜78］政治家。討幕派の中心人物で、薩長同盟の推進者。維新の三傑の一人。廃藩置県などを敢行。参議・大蔵卿・内務卿を歴任し、新政府の指導的役割を果たすも不平士族により暗殺。

＊9　**征韓論**　明治初期の対朝鮮強硬論。特に1873（明治6）年に西郷隆盛・板垣退助らによって排日・鎖国下の朝鮮に出兵しようとした主張を指す。

＊10　**板垣退助**［1837〜1919］政治家。愛国公党を結成し民撰議院設立建白書を提出、自由民権運動を指導した。1881（明治14）年自由党を結成。大隈重信と日本最初の政党内閣を組織、内相となる。

＊11　**自由民権運動**　1870年代後半から80年代にかけて、政府の専制に反対し参政権と自由および自治を主張して、憲法制定、国会開設に至る状況をつくり出した運動。

＊12　**西周**［1829〜97］哲学者・啓蒙思想家。オランダに留学後、開成所教授。森有礼らと明六社を結成し、西洋哲学の紹介、啓蒙思想の普及に努めた。

＊13　中江兆民［１８４７〜１９０１］思想家。フランスに留学し、帰国後仏学塾を開設。「東洋自由新聞」を創刊し、明治政府を批判。自由民権運動の理論的指導者となった。ルソーの『民約論』を翻訳。

＊14　廃藩置県　１８７１（明治４）年、明治政府が全国の藩を廃し府県に統一した政治変革。明治政府による中央集権強化のための改革で、広義には、79年４月の琉球藩の廃止、沖縄県の設置で完成する。

＊15　琉球侵攻　１６０９年に行われた薩摩藩による琉球王国への軍事行動。琉球の中山王府は、一貫して和睦を求め、全面的な抵抗を試みなかった。

＊16　版籍奉還　１８６９（明治２）年、全国の藩主が土地（版）と人民（籍）を朝廷に返還したこと。廃藩置県の前提となった。

＊17　西郷従道［１８４３〜１９０２］軍人・政治家。西郷隆盛の弟。陸軍に属し、台湾出兵を行ったが、のちに海軍大将。海相・内相などを歴任。晩年に元帥。

＊18　琉米修好条約　１８５４年、米国の全権大使ペリーと首里王府が締結した条約。米議会により批准。来琉する米人は厚遇、薪水・必要物資の供給、乗組員の上陸を妨害しないこと、難破船救助など、英漢両文７カ条からなる。

＊19　琉仏修好条約　１８５５年、フランス海軍准将ゲランと首里王府が締結した条約。仏船への薪・水・食糧の供給、仏人の遊歩の自由など。ゲランの独自判断で結ばれたもので、仏本国で批准されたかは不明。

＊20　琉蘭修好条約　１８５９年、オランダ使節カペレンと首里王府が締結した条約。薩摩藩主島津斉彬が蘭国との交易に琉球を利用しようとして結ばせた。９カ条からなり、内容は琉米・琉仏修好条約とほぼ同じ。

＊21　榎本武揚［１８３６〜１９０８］政治家。オランダに留学し、帰国後に幕府の海軍奉行。戊辰戦争で敗れるも特赦され、北海道開拓使となる。のちにロシアとの間で樺太・千島交換条約を締結。

＊22　樺太・千島交換条約　１８７５（明治８）年、

日本とロシアとの間で調印された国境確定条約。これにより日本は樺太を放棄。千島全島を日本領とした。

＊23　平清盛［１１１８〜81］平安末期の武将。保元の乱・平治の乱で躍進し、源氏の勢力を抑えて従一位太政大臣となった。対宋貿易を振興し、六波羅政権を樹立。娘徳子を高倉天皇の妃とし、その子安徳天皇の即位により皇室の外戚として威を振るった。

＊24　楠木正成［１２９４?〜１３３６］南北朝時代の武将。後醍醐天皇の鎌倉幕府討伐計画に応じ、幕府軍と戦う。建武の中興の功績で河内の国守と守護を兼ね、和泉守護となる。足利尊氏と摂津湊川で戦い、敗死。

＊25　赤松円心［１２７７〜１３５０］南北朝時代の武将。元弘の変では天皇方で討幕に参加したが、建武の中興後は足利尊氏の北軍で活躍。播磨の守護となる。

＊26　徳川吉宗［１６８４〜１７５１］江戸幕府第8代将軍。在職１７１６〜45。紀伊藩主徳川光貞の四男。紀州藩主から将軍となり、幕府財政の改革と幕政の強化に努め、享保の改革を行った。

＊27　松平定信［１７５９〜１８２９］江戸後期の大名。白河藩主松平定邦の養子。１７８７年老中首座となり、寛政の改革を断行。

＊28　地租改正　明治政府による土地・租税制度の改革。１８７３（明治6）年、土地の私的所有を認め、豊凶に関係なく地価の３％を金納とした。のちに軽減を要求して各地に農民一揆が起こり、１８７７（明治10）年税率を２・５％に引き下げた。

＊29　班田収授法　律令制下の土地国有の原則のもと、戸籍にある6歳以上の男女を対象に一定額の田を貸与して耕作させ、死後収公する法。男子は2段（1段は約12a）、女子はその3分の2。9世紀ごろには、戸籍を偽ったり、開墾による私有地が増えたために廃止。

＊30　池田大作［１９２８〜］創価学会第3代会長。創価大学、アメリカ創価大学、創価学園、民主音楽協会、東京富士美術館、東洋哲学研究所、戸田記念国際平和研究所などを創立。「国連平和賞」受賞。世界の

大学・学術機関から３９０を超える名誉学術称号を受ける。著作『人間革命』（全12巻）、『新・人間革命』（全30巻）など多数。対談集も多い。

＊31　天文法華の乱　１５３６年、比叡山延暦寺の衆徒が宗教問答を契機に京都の法華一揆と対立し、洛中洛外の日蓮宗21寺を襲った。

＊32　蓑田胸喜［１８９４〜１９４６］国家主義者。熱烈な皇室中心主義を唱え、三井甲之と原理日本社を創設。自由主義的な学者を攻撃して滝川事件、天皇機関説事件の口火をきった。自死。

＊33　三井甲之［１８８３〜１９５３］歌人・国家主義者。右翼系思想運動を旨とする「慶應義塾精神科学研究会」、親鸞を崇敬する歌学結社「人生と表現社」を起源とする原理日本社を蓑田胸喜らと創設した。

＊34　牧口常三郎［１８７１〜１９４４］創価学会初代会長・教育学者。地理学者でもあり、白金尋常小学校の校長などを務める。１９３０年に独創的な教育学説書『創価教育学体系』を発刊し、創価教育学会（創価学会の前身）を創立。43年、国家神道に反対したこと等により治安維持法違反および不敬罪の容疑で逮捕・投獄され、翌年に獄中で逝去。

＊35　田中智学［１８６１〜１９３９］近代の日蓮系在家仏教運動者。１８８０年、蓮華会を結成し在家仏教運動を開始。その後立正安国会、国柱会を創立。法華経と国体との一体化を説いた。

＊36　八紘一宇　神武紀の「八紘《あめのした》をおほひて宇《いへ》とせむ」から全世界を一つの家にすること。第２次世界大戦期、日本が海外侵略を正当化する標語として用いた。

■第３章

＊1　彰義隊の乱　１８６８（慶応４）年5月、江戸無血開城を不満として江戸上野の寛永寺に立てこもって抵抗した彰義隊を、新政府軍が壊滅させた戦い。

＊2　勝海舟［１８２３〜99］政治家。蘭学・兵学を学び、幕府使節とともに渡米。幕府海軍育成に尽力。明治維新後、海軍卿・枢密顧問官などを歴任。

＊3　**孝明天皇**［１８３１〜66］第１２１代天皇。攘夷を主張したが公武合体策をとり、皇妹和宮の将軍徳川家茂への降嫁を行い、討幕派を退けた。疱瘡で急死。毒殺説もある。以後武力討幕論が急激に発展した。

＊4　**松平容保**［１８３６〜93］会津藩主。京都守護職として公武合体に尽力。尊攘急進派の長州藩を一掃したが、鳥羽・伏見の戦いに敗れ江戸へ逃れた。のち奥羽越列藩同盟の中心となるも会津戦争で敗れる。

＊5　**公武合体派**　朝廷と幕府とが一致して外敵の難を処理し、幕府の体制立て直しを図った構想。和宮降嫁で実現したが、戊辰戦争で討幕派に圧倒された。

＊6　**禁門の変**　１８６４（元治元）年、長州藩が京都に出兵し、会津・薩摩などの藩兵と蛤御門付近で戦って敗れた事件。前年の政変で失った長州藩の勢力回復を図ったが、これを機に第一次長州征伐が行われた。

＊7　**山縣有朋**［１８３８〜１９２２］政治家・陸軍大将。松下村塾に学ぶ。明治維新後、欧州諸国の軍制を視察、陸軍創設・徴兵令・軍人勅諭など軍制の整備に努めた。山縣閥を作り、元老として政界を支配。

＊8　**桂太郎**［１８４８〜１９１３］政治家・陸軍大将。陸軍にドイツ式兵制を取り入れ、陸相などを歴任。三度首相となり、日英同盟・日露戦争・韓国併合を断行。大逆事件など、社会運動を弾圧した。

＊9　**寺内正毅**［１８５２〜１９１９］政治家・陸軍大将。教育総監・初代朝鮮総督を歴任し、１９１６（大正5）年に首相となるが、18年に米騒動で総辞職。

＊10　**田中義一**［１８６４〜１９２９］政治家・陸軍大将。立憲政友会総裁を経て１９２７（昭和2）年首相。治安維持法改悪、共産党弾圧を行い、対中国積極外交を推進。張作霖爆殺事件の責任を負って総辞職。

＊11　**石見銀山**　島根県大田市にあった銀山。戦国時代に開発され、江戸時代には幕府の直轄領に。同銀山の銀鉱副産品のヒ石を使った亜ヒ酸剤の殺鼠薬も有名。

＊12　**徳川斉昭**［１８００〜60］水戸藩主。藤田東湖らを登用して藩政を改革。尊王攘夷論者で、井伊直弼

と対立。安政の大獄で蟄居を命ぜられた。

＊13　山岡鉄舟［１８３６〜88］剣術家・政治家。旧幕臣で無刀流剣術の流祖。戊辰戦争の際、勝海舟の使者として西郷隆盛を説き、江戸城の無血開城を導いた。明治維新後、明治天皇の侍従などを歴任。

＊14　輪王寺宮［１８４７〜95］皇族。戊辰戦争で幕府方につき、明治維新後は伏見宮に預けられる。のち許され、日清戦争では近衛師団長として出兵。台湾で病死。

＊15　有栖川宮熾仁親王［１８３５〜95］有栖川宮9代親王。幕末に攘夷論を主張。王政復古とともに総裁職に就任。戊辰戦争で東征大総督。のち参謀総長など。

＊16　相良総三［１８３９〜68］尊攘運動家。西郷隆盛の指令で浪士を集め、江戸騒乱を企てる。のち赤報隊を結成。東征軍先鋒として東山道を進むが、「偽官軍」とされ信濃諏訪で処刑された。

＊17　大鳥圭介［１８３３〜１９１１］政治家。緒方洪庵・江川英龍らに蘭学・兵学を学ぶ。戊辰戦争で五稜郭にこもったが降伏。のち清国・朝鮮公使として日清戦争前後の外交工作を行った。枢密顧問官。

＊18　新門辰五郎［１８００〜75］侠客。火消し人足から町火消し十番組の頭となり、のち徳川慶喜に重用され、その身辺警護にあたった。

＊19　朱子学　人の本性は理であり善であるが、気質の清濁により聖と凡の別があるとし、敬を忘れず行を慎み外界の事物の理を窮めて知を磨き、人格・学問の完成を目指す実践道徳。日本では江戸幕府から官学として保護された。

＊20　葛飾北斎［１７６０〜１８４９］浮世絵師。初め勝川春章に学んだが、狩野派・土佐派・琳派・洋風画など和漢洋の画法を摂取し、読本挿絵や絵本、さらに風景画に新生面を開いた。

■第4章

＊1　板倉勝静［１８２３〜89］備中松山藩主。安政

の大獄で寺社奉行を罷免。のちに復職して老中として、徳川慶喜を補佐した。戊辰戦争では官軍に抗して箱館まで赴くも自首。

＊2　李氏朝鮮　朝鮮の最後の統一王朝。漢城（ソウル）を首都とし、朝鮮半島全土を領有。16世紀末から豊臣秀吉の侵入を受け、17世紀には清に服属。１８９７年に国号を大韓帝国と改称。日露戦争後日本の保護国となり、１９１０年、日本に併合されて滅んだ。

＊3　事大主義　小国が礼をもって大国に事《つか》えること、また転じて勢力の強いものにつき従う行動様式。

＊4　朝貢　中国の王朝に対する周辺諸国の貢物の献上と、それに対する皇帝からの下賜という形態をとる一種の貿易。

＊5　華夷　「華」は中国、「夷」はえびす（外国）。文明の地と野蛮未開の地を指す。

＊6　横山安武　［１８４３～70］幕末維新期の儒学者。15歳で藩儒横山安容の後嗣となる。小姓として藩主に仕え、のちに島津久光の5子悦之助の守役となる。

＊7　徴兵令　１８７３（明治6）年に公布された徴兵に関する法令。国民皆兵主義をとり、満20歳に達した男子に兵役義務を定めたが、多くの免役規定もあった。

＊8　岩倉具視　［１８２５～83］公卿・政治家。公武合体を説き、のち王政復古の実現に参画。明治維新後、右大臣。特命全権大使として欧米の文化・制度を視察。帰国後は内治策に努めた。明治憲法の制定に尽力。

＊9　木戸孝允　［１８３３～77］政治家。初め桂小五郎と称す。維新の三傑の一人。吉田松陰に学ぶ。明治維新後、五箇条の御誓文の起草、版籍奉還、廃藩置県などに尽力。征韓論・台湾征討に反対した。

＊10　大隈重信　［１８３８～１９２２］政治家。明治14年の政変で失脚。翌年立憲改進党を組織、東京専門学校（のち早稲田大学）創立。のち外相となり条約改正に当たったが、玄洋社員に襲われ、右足を失い辞職。１８９６年進歩党結成、98年憲政党結成、板垣退助と

隈板《わいはん》内閣を組織。１９１４年第2次内閣を組織し、第１次世界大戦に参戦、対華二十一カ条要求を強行した。

＊**11　江藤新平**　［１８３４〜74］ 政治家。明治維新後、司法卿として司法制度の確立に尽力。のち参議となり、征韓論を唱える西郷に同調したが敗れて下野。民撰議院設立建白書に署名。佐賀の乱を起こし、敗れて刑死。

＊**12　秩禄処分**　１８７６（明治9）年、明治政府が、華族・士族に金禄公債を交付して、彼らに対する家禄、賞典禄の支給を廃止した処分。

＊**13　大山綱良**　［１８２５〜77］ 初代鹿児島県令。戊辰戦争には奥羽征討軍参謀として活躍。藩参事を経て鹿児島県令となったが、鹿児島の特殊性を主張して地租改正や秩禄処分も指示どおりには行わなかった。

＊**14　佐賀の乱**　１８７４（明治7）年、江藤新平・島義勇らが、明治政府の開化政策に反対する佐賀の不平士族とともに兵を挙げた事件。敗れた江藤・島はさらし首に処せられた。

＊**15　神風連の乱**　１８７６（明治9）年、熊本に起こった反政府暴動。新政府の開明政策に不満を抱く旧士族太田黒伴雄らが結成した政治団体の神風連が、国粋主義を掲げて鎮台・県庁を襲撃するが鎮圧された。

＊**16　廃刀令**　大礼服着用者・軍人・警察官にのみ帯刀を認め、士族などの帯刀を禁止した法令。１８７６（明治9）年公布。

＊**17　赤松小三郎**　［１８３１〜67］ 幕末の兵法家。内田五観《いつみ》、勝海舟に学び、長崎の海軍伝習所に入る。京都で薩摩藩士らに英国式歩兵術を教えた。公武合体論を主張。訳書に「英国歩兵練法」「新銃射放論」。

＊**18　高島秋帆**　［１７９８〜１８６６］ 日本近代砲術の祖。オランダ人に蘭学・兵学・砲術を学び、高島流を創始。ペリー来航を機に講武所砲術指南役となる。

＊**19　中村半次郎**　［１８３９〜77］ 軍人。維新後、桐野利秋と改姓改名。幕末から西郷隆盛の下で活躍。明治維新後陸軍少将になったが、征韓論に敗れて辞職。西南戦争では西郷とともに戦い、城山で戦死。

＊20 **坂本龍馬**［１８３６〜67］幕末の志士。千葉周作道場で学び、のち脱藩し勝海舟に師事。１８６６（慶応2）年、薩長同盟成立に尽力。前土佐藩主山内豊信を説いて大政奉還を成功させたが、京都で暗殺された。

＊21 **田原坂** 熊本市にある国見山南麓の坂。西南戦争での熊本城攻防の拠点となり、籠城軍の救援に向かう官軍と、それを阻む西郷隆盛率いる薩摩軍との間で17日間におよぶ死闘が繰り広げられた。

■第5章

＊1 **後藤象二郎**［１８３８〜97］政治家。公武合体・大政奉還運動に活躍。新政府に仕えるも征韓論に敗れて下野。愛国公党を組織し、民撰議院設立建白書の提出に参画。のち大同団結運動を提唱した。

＊2 **官制改革** １８６９（明治2）年7月に行われた改革。平田派国学の影響を受けた復古的色彩が強いもので、神祇官を設けて太政官と併置し、祭政一致の方針がとられた。また専制化の傾向があらわれ、議事機関である集議院は諮問機関にすぎなくなった。

＊3 **神仏分離** １８６８（明治元）年、明治政府が布告した祭政一致、神祇官再興に伴って生じた神道と仏教を分離させる政策。この政策は過激な廃仏毀釈運動へと展開した。

＊4 **神仏混淆** 神仏同体説に基づいて、日本固有の神と、仏教の仏・菩薩とを同一視し、両者を同じところに配祀して信仰すること。

＊5 **福澤諭吉**［１８３５〜１９０１］啓蒙思想家・教育家。大坂で蘭学を緒方洪庵に学び、江戸に蘭学塾（のちの慶應義塾）を開設。三度幕府遣外使節に随行して欧米を視察。維新後、新政府の招きに応ぜず、教育と啓蒙活動に専念した。

＊6 **五箇条の御誓文** １８６８（慶応4）年3月14日、天皇が天地の神々に誓うという形式で示された明治新政府の基本方針。5カ条より成るのでこう呼ばれる。由利公正が起草し、福岡孝弟が修正を加え、木戸孝允が訂正したものとされる。

＊7　**上局**　１８６８（慶応４）閏４月、政体書により、議政官内に設置された立法機関。議政官は上局と下局からなる。

＊8　**下局**　１８６８（慶応４）閏４月に設置された議政官の下院。議長は行政官弁事の兼任、議員は貢士で構成。上局の諮問に基づき租税、度量衡、条約、藩相互の訴訟などを審議した。

＊9　**太政官**　明治維新政府の最高官庁。１８６８（慶応４）年閏４月の政体書により議政官以下七官を置き太政官と総称、翌年の官制改革で民部以下六省を管轄。１８８５（明治18）年内閣制度の発足に伴い廃止。

＊10　**神祇官**　明治維新政府の官庁。１８６８（慶応４）年閏４月、太政官七官の一として設置し、神祇・祭祀をつかさどった。１８７１（明治４）年神祇省と改称。

＊11　**廃仏毀釈**　明治政府の神道国教化政策に基づいて起こった仏教の排斥運動。仏堂・仏像・仏具・経巻などが各地で破壊された。

＊12　**石原莞爾**［１８８９〜１９４９］陸軍中将。関東軍参謀として、満州事変、満州国建設を推進。のち東條英機と対立、予備役となった。東亜連盟の指導者。

＊13　**東條英機**［１８８４〜１９４８］政治家・陸軍大将。関東軍参謀長・陸相を経て、１９４１（昭和16）年首相。内相・陸相を兼任し、太平洋戦争開戦の最高責任者となったが、戦況不利となった44年総辞職。戦後、極東国際軍事裁判でＡ級戦犯とされ、絞首刑。

＊14　**ノモンハン事件**　１９３９（昭和14）年５月にノモンハンで起こった日ソ両軍の衝突事件。日本軍は大敗、同年９月に停戦協定が成立。この事件で日本陸軍は近代的装備の劣勢を認め、軍部の中で強く主張されていた対ソ開戦論は後退した。

＊15　**インパール作戦**　第２次世界大戦中の１９４４（昭和19）年３〜７月、北部ビルマ・インド国境地帯で行われた日本陸軍のインパール攻略戦。牟田口廉也中将指揮の第15軍は参加兵力約８万５０００のうち３万を失って敗退。ボースによるインド新政権樹立構想も消え、全ビルマ失陥の要因となった。

＊16　**新聞紙条例**　明治政府による新聞取り締まり法。１８７５（明治8）年発布。民撰議院設立の建白を契機とする新聞の政府攻撃に対し、政府への批判を禁止したもの。

＊17　**讒謗律**　１８７５（明治8）年、明治政府が公布した言論統制令。自由民権運動に伴う政府批判を規制するため、人を誹謗する文書類を取り締まった。

＊18　**大阪会議**　１８７５（明治8）年、参議大久保利通・伊藤博文が、征韓論などをめぐって辞職した木戸孝允・板垣退助に参議復職を求めた会議。立憲体制への漸次的移行で妥協が成立、二人の復帰が決まった。

＊19　**福島事件**　１８８２（明治15）年、福島県の自由党員や農民が弾圧された事件。県会議長河野広中ら自由党員が、県令三島通庸《みちつね》の県会無視の施政に反対して対抗。会津の農民が道路建設の夫役に反対して警官と衝突した際、河野らも検挙され、国事犯に問われた。

＊20　**秩父事件**　１８８４（明治17）年、秩父地方の農民が困民党を組織し、自由党員とともに高利貸しへの返済延長や村民税の減税などを要求して蜂起した事件。武装した１万人近い農民が高利貸しを襲撃、郡役所・警察などを占領。軍隊の出動によって鎮圧された。

＊21　**大逆事件**　１９１０（明治43）年、多数の社会主義者・無政府主義者が明治天皇の暗殺計画容疑で検挙された事件。大逆罪の名のもとに24名に死刑が宣告され、翌年１月、幸徳秋水ら12名が処刑された。

＊22　**幸徳秋水**［１８７１～１９１１］社会主義者。中江兆民の門下。１９０１（明治34）年、社会民主党を結成、即日禁止される。日露戦争に反対し、堺利彦と「平民新聞」を創刊。のち渡米。帰国後アナーキズムを主張。大逆事件で検挙、主犯として死刑になった。

＊23　**田畑永代売買禁止令**　江戸幕府が１６４３（寛永20）年に発布した田畑の永代売買を禁じた法令。農民所持の田畑の移動・集中を防止する目的で出された。

＊24　**森鷗外**［１８６２～１９２２］小説家・評論家・翻訳家・軍医。陸軍軍医としてドイツに留学。軍医として昇進する一方、翻訳・評論・創作・文芸誌刊行な

どの多彩な文学活動を展開。晩年、帝室博物館長。

■**第6章**

＊1　**植木枝盛**［１８５７〜92］自由民権論者。板垣退助を助け、国会開設に尽力。急進的な私擬憲法「東洋大日本国国憲按」を起草。

＊2　**大井憲太郎**［１８４３〜１９２２］社会運動家。自由民権運動の指導者で、１８８２（明治15）年、自由党に加わる。大阪事件を起こし入獄。のちに東洋自由党を結成。労働者・小作人の保護に尽力した。

＊3　**啓蒙思想**　合理的・批判的精神に基づき、中世以来のキリスト教会などの伝統的権威や旧来の思想を徹底的に批判し、理性の啓発によって人間生活の進歩・改善を図ろうとした革新的思想。ルソー・モンテスキュー・ヴォルテールらは代表的啓蒙思想家。

＊4　**天賦人権論**　人間は生まれながらにして自由・平等であり、幸福を追求する権利があるという思想。明治前期の自由民権運動の理論的支柱となった。

＊5　**社会契約説**　社会・国家は、それを構成する個人相互間の自由意志に基づく契約によって成立するという理論。権力による事実的支配であった主権国家を、被治者の自発的結社に組みかえる近代国家の構成原理として、大きな歴史的役割を果たした。

＊6　**全共闘世代**　１９６８〜69年にかけて日本の各大学で行われたバリケードストライキ、武力闘争といった学生運動に参加した世代。

＊7　**副島種臣**［１８２８〜１９０５］政治家。尊王攘夷運動に奔走。明治政府の参与となって政体書の起草や版籍奉還に尽力。征韓論を主張して下野。のち枢密顧問官・内務大臣を歴任。

＊8　**伊地知正治**［１８２８〜86］官僚。軍役奉行を経て、戊辰戦争で東山道先鋒総督参謀となる。明治政府で左院議長・参議。

＊9　**大阪事件**　１８８５（明治18）年、自由党左派の大井憲太郎らが、朝鮮にクーデターを起こして独立党に政権を握らせようと企てた事件。渡航寸前に発覚

し、大阪・長崎で逮捕された。

＊10　大正デモクラシー　大正期に顕著となった民主主義的思潮。都市中間層の政治的自覚を背景に、明治以来の藩閥・官僚政治に反対して護憲運動・普通選挙運動が展開され、吉野作造の民本主義や自由主義・社会主義の思想が高揚した。

＊11　大川周明［１８８６〜１９５７］国家主義者。猶存社・行地社・神武会を結成。軍部と接近し、３月事件や５・15事件に関係。第２次世界大戦後、Ａ級戦犯として逮捕されたが、精神異常を理由に免訴。

＊12　石川三四郎［１８７６〜１９５６］社会主義運動家。「万朝報」記者から平民社に入り、「平民新聞」発刊に協力。「新紀元」を創刊。無政府主義運動の先駆者。

＊13　島津久光［１８１７〜87］政治家。斉彬の死後、子の忠義が藩主となったのちは藩政の実権を握った。藩内尊攘派を弾圧して公武合体に奔走。１８７４（明治7）年、左大臣になったが、まもなく帰国して隠退。

＊14　来島恒喜［１８６０〜89］国家主義者。頭山満らの玄洋社社員となり、のち中江兆民の仏学塾に入る。大隈重信外相の条約改正案に反対し、外務省前で大隈に爆弾を投じて重傷を負わせ、その場で自殺。

＊15　血盟団　井上日召の指導によって結成された右翼団体。国家革新を目指し、一人一殺主義を掲げた。１９３２（昭和7）年、井上準之助・団琢磨を暗殺した。

＊16　井上日召［１８８６〜１９６７］国家主義者。日蓮宗に帰依し、日召と号す。血盟団を結成、国家革新を計画し、一人一殺主義を唱え、井上準之助・団琢磨を暗殺。裁判で無期懲役となったが、恩赦で出獄。第２次世界大戦後、護国団を設立。

関連年表

日本	世界
	1760〜　イギリス、産業革命
	1776・7　アメリカ、独立宣言
1783　『赤蝦夷風説考』	
1786　『海国兵談』	
	1789　フランス、大革命
1792・9　露使ラクスマン来航	
	1796　ナポレオン戦争（〜1815）
1804・9　露使レザノフ来航	
1808・8　フェートン号事件	
1825・2　無二念打払令	
1828　シーボルト事件	
	1840　アヘン戦争（〜42）
1837・6　モリソン号事件	
1839・12　蛮社の獄	
1842・7　薪水給与令	
	1844　オランダ国王、日本に開国勧告
1846・閏5　米使ビッドル来航	
	1848・2　フランス、二月革命
	1848・2　『共産党宣言』
	1851・1　太平天国の乱（〜64・7）
1853・6　米使ペリー来航	1853・10　クリミア戦争（〜56・3）
1853・7　露使プチャーチン来航	
1854・3　日米和親条約締結	1854・3　英・仏、ロシアに宣戦（クリミア戦争）

	1855・5　パリ万博（〜55・11）
	1856　第2次アヘン戦争（アロー号事件、〜60）
	1857　インド大反乱（〜59）
1858・9　安政の五カ国条約締結	1858　フランス、インドシナ侵略
	1861・3　イタリア王国成立
	1861・4　アメリカ、南北戦争（〜65・4）
1867・12　王政復古の大号令	1867・4　パリ万博（〜67・10）
1867・12　旧幕府、江戸薩摩藩邸焼き討ち	1867・7　フランス、タイとの条約でカンボジアを保護国に
1868・1　鳥羽・伏見の戦い（戊辰戦争）	1868・1　仏公使ロッシュ、慶喜に再挙を勧告するも慶喜拒絶
1868・1　新政府、王政復古を各国公使に通告	1868・1　英米仏伊蘭プロシア、局外中立を布告
1868・3　大総督府、3月15日の江戸城攻撃を命令	
1868・3　西郷隆盛、勝海舟と会見。江戸開城を了解	
1868・9　明治と改元	1868・12　米英仏蘭伊独、局外中立解除を布告
	1870・7　普仏戦争（〜71・1）
1870・9　外務省役人を朝鮮へ派遣。朝鮮、国交開始を拒絶	1870・10　イタリアの国土統一完成
1871・7　廃藩置県	1871・3　パリ・コミューン成立宣言
1871・9　日清修好条約・通商協定締結	1871・4　ドイツ帝国憲法発布
1871・10　岩倉具視・大久保利通らを欧米に派遣	1871・11　台湾山岳民、琉球漂流民54名を殺害
1872・2　田畑永代売買の禁を解く	
1872・7　全国一般の地券交付を達する（壬申地券）	
1872・8　外務大丞花房義質を朝鮮に派遣	
1872・9　琉球藩設置	

関連年表

日本	世界
1873・1 徴兵令が施行	1873・2 スペインで第一共和制成立
1873・5 大久保利通、帰国	
1873・7 地租改正条例を布告	
1873・8 西郷隆盛の朝鮮派遣が内定	
1873・9 岩倉具視ら帰国	
1873・10 閣議、西郷の朝鮮派遣を決定	
1873・10 朝鮮遣使を無期延期	
1873・10 西郷、参議・近衛都督を辞職	
1873・10 板垣退助・江藤新平ら参議辞職	
1874・1 板垣退助ら愛国公党本誓署名式を行う	1874・1 スペインで第一共和制崩壊
1874・1 板垣ら民撰議院設立建白書を提出	
1874・2 佐賀の乱（4月13日、江藤新平処刑）	
1874・2 琉球島民の殺害を理由に台湾出兵を決定	
1874・4 木戸孝允、台湾出兵に不満で辞表提出	
1874・4 台湾出兵中止を決定	
1874・5 台湾出兵実施を決定	
1875・2 大阪会議（大久保・木戸・板垣）	1875・1 スペインで王政復古
1875・3 地租改正事務局設置	1875・7 日本、琉球の中国入貢を禁止
1876・3 廃刀令	
1876・10 神風連の乱	
1876・10 秋月の乱	
1877・2 西南戦争（〜77・9）	1877・4 露土戦争（〜78・1）
1879・4 琉球藩を廃し沖縄県設置	

本書は語り下ろしです。
対談は２０２１年１月から同年４月に行われました。

安部龍太郎　あべ・りゅうたろう　（作家）

１９５５年福岡県八女市（旧・黒木町）生まれ。久留米工業高等専門学校機械工学科卒業。東京都大田区役所勤務、図書館司書として働きながら小説を執筆。90年に『血の日本史』で作家デビュー。２００５年に『天馬、翔ける』で中山義秀文学賞を受賞。13年に『等伯』で直木賞受賞。著書『彷徨える帝』『関ヶ原連判状』『信長燃ゆ』『恋七夜』『道誉と正成』『下天を謀る』『蒼き信長』『冬を待つ城』『維新の肖像』『姫神』『おんなの城』『蝦夷太平記　十三の海鳴り』など多数。現在、徳川家康の大河小説を連載中。20年、京都府文化賞功労賞を受賞。

佐藤 優　さとう・まさる　（作家・元外務省主任分析官）

１９６０年東京都生まれ。同志社大学大学院神学研究科修了後、専門職員として外務省に入省。在イギリス大使館勤務、在モスクワ大使館勤務を経て、外務省国際情報局で主任分析官として活躍。２００２年、背任と偽計業務妨害容疑で逮捕・起訴され、09年6月に執行猶予付き有罪確定（13年6月に執行猶予期間が満了し、刑の言い渡しが効力を失った）。著書に『国家の罠』（毎日出版文化賞特別賞）、『自壊する帝国』（新潮ドキュメント賞、大宅壮一ノンフィクション賞）、『十五の夏』（梅棹忠夫・山と探検文学賞）、『池田大作研究　世界宗教への道を追う』など多数。20年12月、菊池寛賞（日本文学振興会主催）を受賞。同志社大学神学部客員教授も務める。

038

対決！ 日本史2
幕末から維新篇

2021年　8月5日　初版発行
2021年　12月2日　2刷発行

著　者｜　安部龍太郎
　　　　　佐藤　優
発行者｜　南　晋三
発行所｜　株式会社潮出版社
〒102-8110
東京都千代田区一番町6　一番町 SQUARE
電話　■ 03-3230-0781（編集）
　　　■ 03-3230-0741（営業）
振替口座 ■ 00150-5-61090

印刷・製本｜　中央精版印刷株式会社
ブックデザイン｜　Malpu Design

ISBN978-4-267-02295-1　C1221

対決! 日本史

戦国から鎖国篇

作家
安部龍太郎

作家・元外務省主任分析官
佐藤 優

戦国時代の戦乱は大航海時代における
キリスト教の世界宣教を抜きにしては語れないと
主張する安部龍太郎。
かたやプロテスタント神学者でもある佐藤優は、
イエズス会(カトリック)が世界を席巻した戦国時代を
どう分析するのか――。
知性の双璧が世界史の視座から日本史をとらえ直す。

「対決! 日本史」シリーズ第1弾

「史観」を磨け! 「教養」を身につけろ!

定価 880円(10%税込)